水澤都加佐
Tsukasa Mizusawa

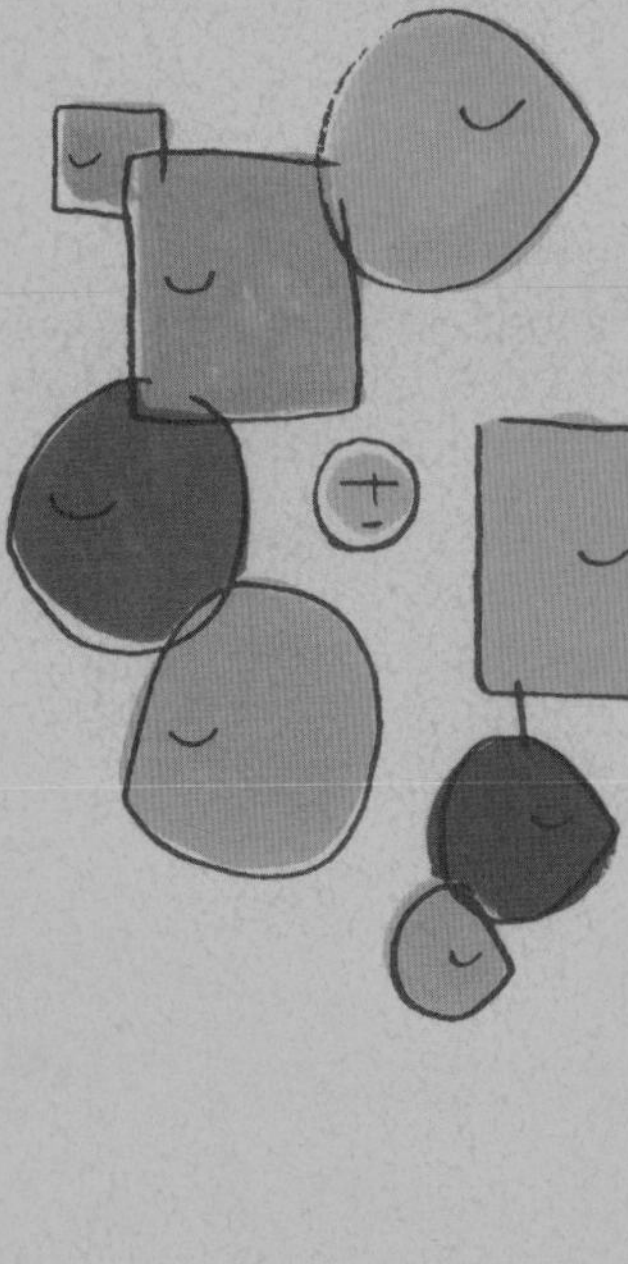

〈見すてられ不安〉に悩んだら

実践！ナラティブ・セラピー

春秋社

はじめに

あなたは、「見すてられ不安」という言葉を聞いたことがありますか？

子どもの頃、迷子になった経験はありませんか？　あるいは、幼稚園や保育園で、お迎えの時間になっても、お母さんやお父さんが来てくれなかったことは？

そのとき、どんな気持ちになったでしょう。怖くて、不安で、寂しくて、いても立ってもいられなかったはずです。もう、お母さん、お父さんに会えなくなってしまうのだろうか？　これから自分はいったいどうなるのか？　ひと言でいえば、絶望です。

見すてられ不安とは、主として、**人間関係（親子、夫婦、恋人、兄弟姉妹、友人とのつながり。あるいは職場、学校など様々な場におけるつながり）が断ち切られてしまうのではないかという不安、強烈なショック、孤立感**をさします。加えて、財産や名誉、地位などを失う場合にも、同じような不安を感じます。喪失の不安と言いかえることもできるかもしれませんが、なにに見すてられたくないと思うのかその対象は、時と場合によって、人によって、様々です。大人になって、自分で物事を決定し、好きな場所へ一人で行けるようになっても、こういう気持ちになるのはめずらしいことではありません。

見すてられ不安は大人になって突如として生まれるのではありません。小さい頃に経験してきた、親や養育者に大切にされたいのに叶わない気持ちが、そのまま引き継がれます。

子どもにとって典型的な、見すてられ不安を感じる状況を、あげてみましょう。

・迷子になったとき
・家に帰って誰もいなかったとき
・両親の離婚話を聞いてしまったとき
・両親が別居や離婚をしたとき
・親に受け入れてもらえないとき
・親に甘えられないとき

・親と死別したとき
・兄弟姉妹よりもないがしろにされていると感じるとき
・人一倍、親のケアを必要とする兄弟姉妹がおり、自分は後回しにされると感じるとき
・幼稚園や学校で仲間外れにされたり、いじめられたとき
・母親が父親から暴力を受けていて、母親に甘えたいのに甘えられないとき
・親や兄弟から暴力を受けたとき
・親が飲酒やギャンブル、あるいは、なにか深刻な病気や問題をかかえているとき
・ペットが死んでしまったとき
・引っ越しや転校で友だちと離ればなれになるとき

では、大人の見すてられ不安は、どのような場面で顔を出すのでしょうか。

・子どもが巣立つとき
・愛する人から別れ話を持ち出されたとき
・婚約者が自分よりも成功している人と結婚するので婚約破棄をしたいと言ったとき

・配偶者の不貞行為を知ったとき
・長く連れ添った配偶者に離婚したいと言われたとき
・愛する人、親友、大切な人が深刻な病気を患っていることがわかったとき
・愛する人、親友、大切な人に先立たれたとき
・財産を失ったとき
・閑職に追いやられたり、左遷させられたとき
・失業したとき
・友人に裏切られたとき
・同期入社した仲間が、自分よりも先に昇格や栄転をしたとき
・深刻な病を告知されたとき
・老いを感じたとき
・周囲は知っていることを、自分だけが知らないとき
・秘密を言いふらされたとき

いずれも、信頼を裏切られたと思ったり、大切にしていたものや慣れ親しんだものを手放さなくてはならなかったり、あるいはこのまま続くと思っていた状況が不意に脅かされたりしたとき、このような感情を覚えます。失いたくない対象は変わっても、子どもの頃に感じた状況と本質的には変わりません。

こうした心境は、多かれ少なかれみんな経験しています。たいていは、誰かに話を親身になって聞いてもらったり、なにかに打ち込んだりすることで、痛みは徐々に癒えていくものです。さらに、時間とともに、その出来事の受け止め方も変わっていくので、「そういうこともあったな」と後で振り返ることができるようにもなります。

しかし、ある種の人にとっては、見すてられ不安が大きなダメージとなり、いつまでも残る、場合によっては生涯消えない心の傷になってしまうことがあります。下手をすると、生きづらさにつながり、人生の舵とりを難しくさせる要因となることもあります。感情をコントロールできなくなったり、極端に攻撃的な行動に出たりして周囲と摩擦を引き起こすだけでなく、飲酒やギャンブルなどにのめりこむ場合もあるでしょう。しかしそんなことをしても少しも気持ちが楽にならないため、結局、行き場のない鬱屈感が加わって、さらに負担が肩に重くのしかかるのです。

人が不安を覚えるのは自然なことです。**不安を感じることがいけないのではありません。問題は、そうなったときに適切にその感情を取り扱うことができるかどうかです。**多くは、成長とともに、自然に困難を乗り切れるようになります。しかし、問題の根が深くネガティブな感情が蓄積されていると、健康的にそれを解放する術を知らない人の場合、年齢を重ねるだけでは苦しみは軽減しません。

見すてられ不安はなぜそれほどまで深刻なダメージとなってしまうのでしょうか。そこから脱するには、どんな手があるのでしょうか。

やっかいな敵と向き合うにはまず、その正体を冷静に見きわめることが、なにより大切です。そして、どのような戦略が有効か、そのために必要なことはなにかを考えることが求められます。

それを可能にするために、本書は生まれました。私の長年にわたるカウンセラーとしての現場経験、役立ててきたテクニックを、ふんだんにもりこんでいます。事例はいずれもプライバシーの観点から創作を施していますが、多くの人が「これは自分だ」思ってもらえるような工夫をこらしました。

ところで、本書には、「再発」「回復」といった言葉が多用されています。見すてられ不安をまるでなにかの病気だと決めつけているではないか、と違和感を覚える読者もいるかもしれませんね。

自分をしっかり確立している人は、他人の顔色や行動に左右されることが少ないでしょう。拒否されても、人は人だ、と割り切れもします。周りからどう見られているかといった評価もさほど気にならないでしょう。しかし見すてられ不安の大きい人は違います。振り回される生き方が本人にとってもつらく、そのようなあり方、ひいては自分の存在までに疑問を感じています。それなのに、同じ生き方を繰り返してしまっているのです。

これは、依存症の行動パターン、病理の仕組みと似ているように私は思います。従って、この本では「再発」「回復」という言葉を用いています。

この本を手にとってくださったあなたは、生きづらさを多少なりとも感じている方でしょうか？　そうであるなら、この本をいつもそばに置いて、つらいときも、そうでないときも、折につけ、ページをひらいてみてください。

この本は「新しい未来」という名の種です。芽を出し、ゆっくり成長して、いつしか花を咲かせる日が来たら、著者としてこれほどのよろこびはありません。

〈見すてられ不安〉に悩んだら

◎

目次

〈見すてられ不安〉に悩んだら——

実践！　ナラティブ・セラピー

第 1 章

見すてられ不安とはなにか

「はじめに」で書いたように、本書では見すてられ不安を、人間関係（親子、夫婦、恋人、兄弟姉妹、友人とのつながり。あるいは職場、学校など様々な場におけるつながり）が断ち切られてしまうのではないかという不安、強烈なショック、孤立感と定義しています。

この概念が広く知られるようになったのは、アメリカ精神医学会の診断基準であるDSMにおいて、境界性パーソナリティ障害(*)の症状の一つとして、紹介されてからです。英語

＊ パーソナリティ障害とは、一般的な考え方や行動パターンから逸脱しているために社会生活や家庭生活、職場などで支障をきたしてしまう状態を言います。パーソナリティ障害の分類の一つである境界性パーソナリティ障害をもった人に、見すてられ不安が強いとされていますが、見すてられ不安＝境界性パーソナリティ障害と、自動的に判断することはできません。詳細な医学的診断が必要です。

では、abandonment fear と言います。医療従事者の間では普通に使われる言葉ですが、一般的にはそれほど多くの人が使う言葉ではないと思います。

もちろん、アメリカの出自にしたがって、医療ケアの観点から見すてられ不安を語ることもできますが、この本では、漠然と生きにくさを覚えている多くの人も読者対象にしています。専門家に助けを求めてはいないけれど生きづらさを実感しているという人もまた、なんらかのヒントを見つけることができるでしょう。

本書では日常生活を送る上でたびたび感じるしんどさを、病（Disease）ではなく、生きることが容易ではない（Dis-ease）状態という文脈でとらえることから出発してみようと思います。

見すてられ不安が生まれる理由は、いくつかあります。これから詳述していきますが、その前に社会環境による影響を考えてみましょう。

たとえば会社の同僚が自分よりも先に昇進して面白くないという気持ちを、例にとってみます。これは現代特有の心理でしょうか？　そのように感じる人はいつの時代もいたはずですが、現代は過剰な競争社会・格差社会です。子どものときから成績順にクラス分けされ、社会に出れば、正規雇用か非正規雇用かによって生涯賃金が大きく差がつく現実のなかに放り込まれるという時代を、現代人は生きています。適性の仕事になかなかめぐりあえない若者も少なくないでしょう。そういうなかにあって、先を越されたというのは、致命的なダメージになりかねません。

たとえば、新幹線である場所に向かうとします。本数がそれなりに出ていますので、たとえ「のぞみ」に乗り遅れても、次に来る「ひかり」に乗る選択肢があります。あるいは、車窓からの景色を堪能したいときはあえて「こだま」を選ぶこともできるでしょう。どれに乗っても目的地につくことはわかっているので、さほど慌てる必要はないはずです。

しかし、競争社会においては、みんなが子どもの頃から「のぞみ」に乗り遅れまいとして過酷な競争を強いられます。「ひかり」「こだま」ではだめなのです。

じつはそういう価値観が身についてしまうと、見すてられ不安が抑うつにつながりやすくなります。

不安の理由が、社会状況に起因するとわかっている場合は、経済状態が改善したり、よい仕事が見つかったりすることで多くが回復するでしょう。そのためにどうすればよいかを知りたければ、経済の世界のプロにアドバイスを求めるのがよいでしょう。

一方、本書では、そのような過酷な時代性を考慮しつつ、その人の存在の根本にかかわる心理状況と行動により焦点を当てていきます。具体的に言うと、見すてられ不安を、子ども時代の体験となんらかのつながりを持った性質のものとしてとらえ、謎解きをしていこうという試みです。

見すてられ不安と共依存

共依存という言葉を聞いたことがありますか？　私は『あなたのためなら死んでもいいわ――自分を見失う病「共依存」』（春秋社）という本のなかで、共依存を、依存症者などの、問題のある、病的な行動に対応するなかで身につけた不適切な考え方と行動で、習慣化するものと定義しました。

具体的には、自分がへとへとになっているのに人に尽くすことをやめられないというような、依存症の行動パターンをさしています。

共依存は、さまざまな「症状」をともなって、その人を苦しめます。自己否定感、無力感、空虚感、罪悪感、深い悲しみ（グリーフ）、怒り、自他の境界線を引けなくて混乱する（ノーと言えない）、燃えつきてしまうなど、いろいろな問題としてあらわれます。

見すてられ不安は共依存の症状のひとつです。ベースに横たわっている共依存のこともぜひ詳しく知ってほしいのですが、本書であえて、見すてられ不安に焦点を当てたのには理由があります。

私はこれまで、共依存がひきおこす個別の症状に焦点をあてた援助を、数多くおこなってきました。喪失の悲しみをテーマにした「グリーフ・ワーク」や、怒りをコントロールする「アンガー・マネージメント」など、その人がそのときもっとも必要とするものを提供しようと試みてきました。

しかし、それぞれの現場で、見すてられ不安が未解決であることが大きな壁となってしまう事例に遭遇してきました。そこで、見すてられ不安という、ある種、共依存の典型的症状からまずは向き合ってみたらどうだろう？　という思いがわいてきたのです。

地雷に触れてしまうとき

見すてられ不安は、誰もが程度の差はあれ持っている感情です。では、人によってすぐ立ち直ることができたり、長く苦しみを味わったり、あるいは嫌がらせや犯罪行為をしてしまったりするのは、どうしてでしょう。

見すてられ不安は地雷のようなものです。地雷はこの世から消え去ってほしいものであることは確かですが、地中に埋まっているだけならば、特に悪さをするわけではありません。静かに何十年も埋まったままの存在です。

誰しも地雷が埋まっていることを、普段は意識して生活していません。しかし、ひとたび地雷を踏みつけてしまうと、大爆発を起こしパニックになります。不安のどん底に突き落とされ、全身の血の気が引くような感覚になるのです。

失恋を例にあげて考えてみます。恋人に振られて悲しくない人はいません。しばらくの間は、その人を思い出すものすべてを遠ざけたいと思うかもしれません。涙が止まらない日もあります。それでも、しばらくつらい時間を過ごすうちに、少しずつ日常生活に戻っていき、あとになって「仕方なかった」と思ったり、「たしかに自分に問題があったな」と反省したりして、別れを受け入れることができるようになります。

しかし、なかには、関係が途絶えてしまったあと自分一人で生きられるのか心配だという焦りや不安をどうにかしたくて相手にしがみついたり、怒りをぶつけたり、最悪の場合は犯罪行為に及んだり、自殺してしまったりするケースもあります。

私のカウンセリングの実感としては、見すてられ不安を感じたときの反応は、男女によってそれぞれ傾向らしきものがあります。女性に多いのは、仕事を辞めたあとに疎外感を覚え、自責の念を抱えてしまうというパターンです。男性は、怒りや恨みの感情を自身にではなく、外に向ける傾向があります。面と向かって嫌味を言ったり、攻撃的なメールを出したり、まれに仕返しを考えたりする人もいます。

いずれにしても、感情を抑圧し、蓄積してしまうことが、地雷にふれやすい状況を育ててしまうと言えるでしょう。見すてられ不安を強く感じてしまう人は、長い間、ネガティブな感情を胸の奥にしまい、抑圧しています。感情が癒されないまま、年をとるなかでどんどんつらい出来事を経験していくために、しんどさが蓄積されていきます。気がつけば地雷がいくつも埋まっている、という状況になっています。

こうなると、爆発するのは時間の問題です。さして大きな出来事でもないことに、敏感に反応してしまうのです。人間は、根拠がなくても、「大丈夫。何とかなる」と楽観的な推測をすることができる生き物ですが、こういう人は離別がまるで人生の終わりのように感じてしまうのです。

典型的な行動

ここで、見すてられ不安を強く感じてしまう人の典型的な行動パターンを見ていきましょう。

① しがみつく（執着する）

相手が嫌だと言っているのに「そんなはずはない」と否認します。そして、「あなたなしでは生きられない、離れるくらいなら一緒に死んでほしい」などと無理な要求をつきつけ、どうやってでも相手をつなぎ止めようと必死になります。

② 抑うつ状態に陥る

喪失によって、人生のすべてを失ってしまったかのように感じ、「誰とも話をしたくない」「出社（登校）したくない」などと訴えます。強度の絶望感、不安感、孤独感が見られ、恋愛依存症の人が関係破綻後に体験する、一種の離脱症状に似た様相を呈します（ちなみに、希死念慮〈死にたいと思うこと〉がある場合には、医療の専門家のケアを選択肢にいれるべきです）。

③ 批判、攻撃、嫉妬に狂う

怒りをぶつけるパターン。相手に対して批判と攻撃を繰り広げ、あるいはつけまわし、嫌がらせをしたり、場合によっては殺意を持ちます。法的な問題に発展することもめずらしくありません。

④ 極端な思考をする

物事を白と黒に分けて片付けようとします。よい人だと思ったら、相手がよくない行いをしようがなにをしようが眼中に入らず、とことん評価します。反対に嫌いな人は、なにからなにまで批判します。当たり前ですが、一〇〇パーセント白、一〇〇パーセント黒というものは存在しません。誰もが、シマウマのように白と黒を持ち、あるいはそれが混じり合ったグレーの部分を併せ持っています。欠点も、状況によって長所に転じることもあるでしょう。物事の判断においても、右からの意見、左からの意見の両方をとりいれ、情報を吟味して決断するのが理想ですが、状況に応じて判断することが苦手です。

⑤ 物事の理解が否定的になる

「電信柱が高いのも、郵便ポストが赤いのも、みんな私が悪いのよ」というフレーズが流行しました。このように、人の言葉を否定的にしか聞けなくなり、褒められても、裏があるのではないか、なにか要求されるのではないか、と猜疑心にかられます。自分に対しても他人に対しても否定的な見方をするのが特徴です。

⑥ あの手この手で人を試す

相手が自分を信じているのか、好意を持っているのか確信を得たいがために、わざと嫌がるようなことを言ったりやったりします。相手の気持ちを確かめようと必死なのです。子どもであれば、職員室の前に来ると廊下を走ったり、目につく場所でたばこを吸って、先生に叱られることで存在をアピールしようとします。これは、交際相手に嫌味を言ったり、約束の時間にわざと遅れたりして、どこまで試練に耐えるか確認したがる大人と同じ心理です。

いかがですか？　あなたがこれらのうちのいくつか、あるいはすべてに該当するなら、見すてられ不安を強く感じているといえるでしょう。

次に事例をあげてみましょう。

◆恋人のすべてを知らなくては気が済まない

Yさんは二四歳、高校の数学教師です。Yさんには、同じ職場で、英語を教える三二歳の先輩Mさんという恋人がいます。Mさんは、帰国子女で英語はペラペラ、さらに生徒や教師仲間の評判もよい好青年です。

付き合ってから二年たちましたが、Yさんはいつもやきもきしています。彼が仲間との付き合いでお酒を飲みに行ったり、父兄からの進学相談に乗っているので、二人きりの時間がないのが不満の種。ＬＩＮＥですぐに返信が来ないのも、イライラのもとでした。

二人とも結婚を前提におつき合いをしていて、Ｍさんが浮気をしている様子はもちろんありませんでした。それなのに、たまに二人きりになれても、会えばＹさんは責めてしまいます。

「なぜ、すぐに返信をくれないの？」

「どうして、土日まで仕事をしていて、会ってくれないの？」

「本当は私に会いたくないんじゃない？」

「私を愛しているって、本当？」

Ｍさんは、デートのたびに気が重くなっていきます。

ある日、ついにＭさんがキレてこう言いました。

「いい加減にしてくれないか。どうして君は責めてばかりなんだ。僕の言うことを信じられないなら、結婚なんて無理だよ」

その言葉を聞いたＹさんは、くってかかります。

「ほら、やっぱり結婚したくないってことじゃない。なぜ結婚したい、なんて言ったの？

うそつき！」

「そんなことを言っていない。なんで責めるのか聞いただけじゃないか。学校が忙しいのは見ていてわかるはずだ。もうちょっと僕の状況をわかってくれよ」

彼がそう言うのも理解はできるのですが、嫌われてしまうかもしれないという怖れは、少しも小さくなりません。

Yさんの不安は、恋人とは関係ないところに起因していました。そのことに本人は気がついていません。

Yさんは幼い頃から、家族が安心の場であったためしがありませんでした。父親は食品メーカーの有能な営業マンで、毎日遅く帰宅し、お酒を飲んでくることも少なくありませんでした。

当然、両親は不仲で、父親の怒鳴り声と母親のヒステリックな叫び声がいつも飛び交っています。それでも父親は娘を溺愛し、Yさんも父の肩を持つようなところが子ども心にありました。父親の女性関係について知ったのは、Yさんが大人になってからのことです。

あるとき、Yさんは自分の母親もまたつらい青春時代を送っていたことを知ります。Yさんの母親も、小さい頃から両親の不仲に悩んでいました。異性関係が火種になっていて、いつも緊張した空気が家を支配していたため、自分と夫との関係が、両親の姿と二重写しにならざるを得なかったのでしょう。

Yさんは、自分のつくる家庭はかならず違うものにすると心に誓っていました。そのためには、納得するまでMさんの行動を把握する必要があると考えました。お金の使い方、帰宅時間、出張での宿泊先、同行者の名前……。いちいち確認をしないと気が済みません。すべては、自分の家庭を壊さないため。

しかし、これが逆効果になったのです。Mさんは次第にうんざりして、どんどん心が離れていき、Yさんと距離を置くようになってしまいました。

【この事例のポイント】

自分を溺愛した父親がいつか家を出て行ってしまうのではないかという不安のなかで、Yさんは成長しています。過去の地雷を踏んでしまって、恋人に対して激しい見すてられ不安を感じています。

真実を知るのは怖いけれど、聞かずにもいられないという、矛盾した状況にYさんに立たされています。こういう人は、場合によってはすべてを知っておかないと不安という心理につけこまれ、相手が悪ければ、都合よく扱われかねません。

恋人が忙しければ、忙しくさせておけばよいだけ。自分を結婚相手に選ぼうとしない相手なら、

「いつまでも黙って待っている人生を送るなんて、ごめんだわ」

と言えばよいのです。「この人と別れたら生きていけない」と言う人がいますが、実際は可能です。

◆お金を返してと言えない

Sさんは、地方銀行に勤める三四歳。女性で初めての管理職になるのではないかと社内で噂がたつくらい有能なOLでした。

彼女には、大学時代から交際をしてきた男性がいます。彼はほかの銀行に勤めるサラリ

ーマンですが、かつては本格的に音楽家を目指していて、今でも休日になると仲間とレストランを借り切ってライブをしています。

人付き合いもよく、気さくな性格であるのもよいのですが、お金の管理がしっかりできる人ではありません。けた違いに高いギターを買ってしまったりするため、経済的にはいつも困窮しています。Sさんは、すでに彼に二〇〇万円を貸しているのですが、返済の話が出たことは一度もありません。

あるとき、銀行の合併にともない、彼が支店長として新しい銀行に転勤することになりました。今度の職場は電車で二時間以上離れたところにあるので、これからは頻繁に会えそうにありません。Sさんは、この機会に結婚を真剣に考えてもらいたいと思いました。ところが彼は、新しい銀行の立ち上げと支店長の業務に慣れるまでは、もうしばらく待ってほしいと言います。しばらくというのは、どのくらいの期間なのかもはっきり告げてはくれません。お金の返済の話もまったく出ず、すべてがあいまいなまま、転勤の日を迎えました。

それから四か月後、Sさんは彼を驚かせようと思い、彼のマンションを訪ねることにしました。入り口で部屋番号を押すと、彼が驚いた様子で、玄関のドアを開けてくれました。部屋に足を踏み入れるのははじめてです。きれいに片付いているのが意外でした。

夕食の時間にはまだ少し早かったので、彼はシャワーを浴びるといって、居間を出ていきました。Sさんが何の気なしに部屋を見回していたら、デスクトップのパソコンが眼に入りました。直前までなにか作業をしていたようです。どうやらツイッターでダイレクトメールをやりとりしているようでした。

スクリーンには埃よけカバーがかかっています。悪気はなかったのですが、すきまから覗くと、「来週、マンションにおいで。大好きだよ」という文字が眼に入りました。Sさんはショックを受けます。風呂場にいる彼に、

「ちょっとだけ友だちの家に行ってくるね。すぐ帰るから」

と声をかけ、マンションを出て、その日は戻りませんでした。

三日後に、彼からLINEでメッセージが来ました。彼は、Sさんがすべてを見てしまったことを察して、言い訳をしてきたのです。

その言葉には全く信頼性はありません。本当は「もう私たちは終わりね。お金を返し

て」と言いたかったのですが、Sさんにはできませんでした。言ったら、本当にすべてが終わってしまうような気がして怖かったのです。彼女にとっては、お金が返ってこないことよりも、彼とのつながりが切れてしまうほうが不安だったのです。

Sさんは、「もう一度会って、話をしたい」と言う彼の提案を受け入れ、再び彼のマンションを訪ねました。相手との関係がどうなったのか聞きたい気持ちがありましたが、それがきっかけで別れ話になるのが怖くて、なにも言えませんでした。結局、その日から二日間、彼とともに過ごしたのです。

それから数か月、彼との関係は途絶えました。月に一度くらいはマンションを訪ねたかったのですが、仕事がさぞかし忙しいだろうと思うと、ためらってしまいます。

そんなあるとき、彼女はあるうわさを耳にします。彼が、代議士の娘と結婚して退職したというのです。

まさかと思い、彼の携帯に電話をしたら、「おかけになった電話番号は現在使われておりません」というアナウンスが流れます。パソコンにメールを送ると、三日後に返事が来ました。

「君とのことは楽しい思い出だ。生涯忘れない。君も幸せになってほしい」

たったそれだけ。お金についてはなにも書かれていません。

Sさんは、彼のマンションでパソコンを見てしまったとき、なぜ別れる決心ができなかったのだろうかと自己嫌悪に陥りました。この一年、振り返れば、思い当たるふしはいくらでもあったのです。結婚の話を持ち出すたびに彼が話題を変えたこと。親に会ってほしいと言うと、「今は忙しいから」とはぐらかして、逃げようとしていたこと。学生時代から、女性とのうわさ話をいくつも聞いていたこと……。真実はずっと前から明らかでした。

Sさんが見ようとしてこなかっただけなのです。


【この事例のポイント】


「お金を返して」となぜ言えないのでしょうか？　返してもらうのは当然のことです。こんなひどい扱いをする相手にどうして怒りもせず、黙っているのでしょう？　女性関係がわかった時点で、なぜ別れ話を持ち出せなかったのでしょう？

答えは簡単です。彼を失っては生きていけないと思ったからです。手を切ればむしろ無心や不誠実な行為によって傷つけられることがなくなって、ずっと楽になるはずなのに。見すてられ不安に振り回される人の行動は、周囲からはなかなか理解しにくいかもしれません。最新で最強の耐震構造でつくられた石橋を何度も何度も叩いて、それでも壊れるのではないかと疑うのが彼らなのです。

それは、一つには、小さいときに親や養育者から存在を認めてもらえなかった経験から来ています。風が吹くと木は揺れます。目に見えなくても、風が吹いているということを疑う人はいませんよね？　Sさんが風の存在を信じられるようになるには、心の傷をちゃんと癒やすしかありません。まだ見ぬ未来を信じるには、今の自分にはなぜそれができないのか？　という問題と向きあう必要があるのです。

Sさんにもまた、子ども時代からかかえきた、見すてられ不安の地雷がありました。「未完の仕事（unfinished business）」を抱えていたのです（未完の仕事については第4章【第4のステップ】参照）。

「そんなひどい男、さっさと別れてしまいなさい」と人は言うでしょう。そんなことは言われなくてもわかっているのです。でも、彼が優しくしてくれた、お金を借りるとき「君がいるから僕はやっていけるんだ」と言ってくれた……といった事実を、心のどこかで信じたいと、夢にしがみついているのです。真実に目がいかず、見たいものだけに焦点をあててしまう。それが彼女に起きていることです。

Sさんが彼に求めていた関係は、どのようなものなのでしょう。

次の図を見てください。Sさんから見た相手との関係をあらわしたものです。二つの円の重なりが、自分と相手を重ね合わせている部分です。関係が破綻すると、この部分が失われることになります。

①

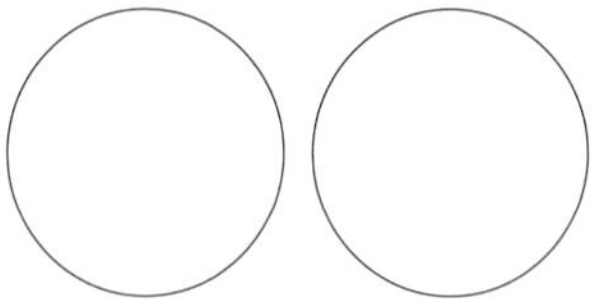

②

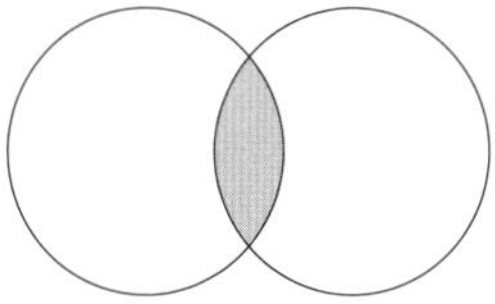

③

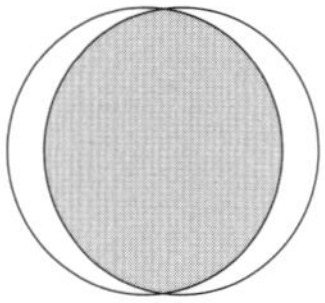

彼女は、①〜③のどれを求めていたと思いますか？

①は、二人に接点がない関係です。こういう場合は、相手を失ってもあまりダメージが生じません。

②はどうでしょう？　それなりに重なり合っているので、相手を失ってしまったときに喪失感があります。悲しい気持ちにもなりますし、元気もなくすでしょう。しかし、失った部分を取り戻すには、数年あれば充分です。元の自分に戻るのではなく、つらい喪失の体験を超えて、かつてよりもたくましい、一回りも二回りも大きい自分に成長します。

さて、③の場合はどうですか？　失う部分が大きすぎて、それを取り戻すのは至難の業に違いありません。たとえば恋愛依存症の人が失恋すると、この大きな部分が失われることになります。「もう生きていけない」といって自殺してしまうのは、それほど相手に自分を同化していたからです。

Sさんが期待していた関係性は、おそらく③だったのではないでしょうか。相手に迷惑がかからないようマンションに行くのを我慢してはいましたが、それは嫌われたくないという気持ちが一定のブレーキとして働いた結果で、本当はこのような境界線のない密着した関係性を求めていた可能性があります。

◆母親に見すてられるのが怖い

三三歳のWさんの悩みの種は、七六歳になる母親Kさんです。Kさんは、幼いときに母親を結核で亡くしてからというもの、父親の再婚相手にいじめられて育ちました。

父親の再婚相手には二人の子がいました。新しい母親は、食事の時間になってもKさんに知らせず、ほかの子どもが食べ終わってから、ようやく声をかけます。

「ぐずぐずしてないで早く食べなさいよ、片付けられないじゃない！」

と怒鳴られてすごすご食卓に着くと、ご飯とお味噌汁に、兄弟が食べ残した煮魚しか口に出来なかったと言います。Wさんは、小さい頃からそんな母の苦労話を聞いて成長しました。

大酒豪だったWさんの父親は、四九歳の若さで血を吐いて亡くなりました。肝硬変を患い、食道静脈瘤が破裂してしまったのです。

以来、Kさんは、いっそう娘に依存するようになりました。多大な期待をかけ、すべてを管理する日々が始まりました。男女交際は厳禁で、大学生になっても門限はなんと六時です。娘の一挙手一投足を管理する過干渉ぶりでした。

Wさんは、大学を出たあと旅行会社に就職しました。仕事で帰宅が遅くなることが多く、毎日のように母親から攻撃されます。

「なぜ帰りが遅いのか」

「みんな残業をしているわけではないだろう、家に帰るのが嫌なんだろう」

そう言いつのられる日々を、Wさんは黙って堪えていました。

入社三年目に同じ職場の男性と親しくなり、結婚をしたいと思うようになりました。結婚したい人がいると告げたとき母親の口から出た言葉に、Wさんは絶句したと言います。

「お前は自分だけ幸せになればいいと思っているのか。私の人生はどうしてくれるんだ。お父さんはいないし、この年で今一人にされたら、風邪を引いたってなにもできないことくらいわかっているだろうに。その私を置いて、家を出て行ってしまうなんて、何てひどいことをするんだ」

彼に伝えると困惑した様子でしたが、一緒に住む方法を考えようと言ってくれました。

Wさんは、このチャンスを逃すと二度と自分らしい生き方が出来ないのではないかと思いました。年齢的にもそろそろ子どもがほしいという思いが募ります。それでも、毎日勤務中だろうが何だろうがメールや電話をよこし、「今日は何時に帰るのか」「なぜ遅くなるのか」「まっすぐ帰れば七時には帰れるはずだ」と言いつのられるうちに、この人からは逃れられないという暗鬱な気持ちになって、気力が奪われていくのでした。

そのうち不眠になり出勤ができなくなってしまいました。心療内科を受診すると、抑うつ状態と診断されました。Wさんは、結婚して家庭を作るという新しい人生がもうイメージできなくなっていました。

【この事例のポイント】

Kさんに、強い見すてられ不安があることは、みなさんにもわかると思います。じつは、Wさん自身にも、見すてられ不安があります。そちらに焦点をあてて解説してみましょう。

見すてられ不安が強い人は、相手を支配し、しかも加害者意識なく当たり前のように人を動かそうとする傾向がままあります。

一方、支配下におかれた人は、相手の意向をくんで行動していくうちに、夢をあきらめ、いつしか夢を見ようとすら思わなくなっていきます。自分が人生の主人公であるということを忘れ、相手と同じ道を歩んでしまうことが少なくありません。負のスパイラルです。

Wさんは母親が亡くなるまで、自分は結婚できないとあきらめています。実のところ、その気持ちの裏には、ひとり親であるKさんに嫌われたくないという思いが貼り付いています。Wさんは長年、母親を気遣って生きてきました。しんどいながらも、Kさんに寄り添ってきた自負があり、それができるのは自分しかいないと誇りさえ密かに感じていたのではないでしょうか。母親の信頼を裏切ることは、期待に応えてきた自分の過去を手放すことにもなるのです。

本来は、母親自身が、自分の問題として課題に取り組むべきなのです。年齢的にそれを期待することは現実的ではないかもしれませんが、しかし、だからといってWさんが全面的に引き受けなければならないという話ではありません。

負のスパイラルを絶つためにも、Kさんが自身の人生を見つめ直すためにも、線引きをするべきです。母親が寂しく過ごすとしても、それは母親が何とかすべき問題だと考えないと、一歩も先にすすめないでしょう。

「お母さんはまだ要介護状態ではないのだから、家を出ればいいではないか。そうしないあなたに問題がある」

という人がいるかもしれません。確かに正解です。Wさんも内心そう思っています。

しかし、人生の岐路で立ち往生しているWさんには、相手にとりこまれてしまう背景というものがあります。

誰でも生きているあいだに身につけた、「こうすべき」「こうすべきではない」という、自分が自分自身へ送っているメッセージがあります。それらの多くは教育によって、世間体によって醸成されます。「親の恩は山よりも高く、海よりも深い」というのがそのひとつでしょうが、親にもいろいろいますし、それが本当かどうかは一概には言えません。しかし、Kさんが明に暗にこのメッセージを毎日ふきこみ、Wさんもそれにとらわれてしまえば、それが真実となってしまうのです。

Wさんはまず、問題解決への方向性を自分で見つけなければなりません。「家を出た方がいい」という結論がたとえ正論でも、本人がそこに意味を見出さなければ有効な策にはなりえません。

そのことを理解せず、周囲が「これだけ言ってもどうしてわからないんだ」と批判するのは、まったくもって本末転倒。「どうせ相談してもどうにもならない」とWさんが思ってしまい、さらに絶望するのは目に見えています。こうなると、負のスパイラルに足をすくわれてしまいます。

◆友だちにNOと言えない

中学二年生のF君は、学校では「いいやつ」で通っています。両親は生まれつき障害を持っている兄の面倒をかかりきりでみているため、親を困らせないようにするのがF君の目標でした。自分のしてほしいことは主張せず、したくない仕事を引き受けるという日々を続けてきたのですが、学校でもそれは同じでした。

教室の掃除や後片付けのときは、友だちの「頼むね」の一言で引き受けてしまいます。教師に注意されても、そこは子どもの社会、すぐまた「頼むね」で、いろいろやらされてしまうのでした。

F君に頼めば何でもやってくれる、というパターンがクラスメイトのあいだに浸透してしまい、今となってはみな、悪びれる様子もありません。

F君は「ノー」と言うことに慣れていません。言ってしまったら、みんなが一緒に遊んでくれなくなるような気がしてしまうのです。片付けをやってあげれば、みんながF君を持ちあげ、そばに寄って来てくれます。そこにちょっとした満足感を覚えてもいます。そんなF君を、時々先生は心配そうに見ているのでした。

【この事例のポイント】

三つ子の魂百までというように、子どもの頃から引き継がれてきた考え方や行動パターンというものが誰しもあります。それは、自分の意志で決定した結果ではあるものの、周囲によって評価されたり批判されたりした経験がつくったモノサシから生まれたものです。

F君のような人は、めずらしくありません。誰よりも先に出社して部屋の掃除をする会社員、いつもPTA役員をひきうけてしまう主婦……。そういう献身的な人を周囲はほめます。「よくやっている」「偉いね」と。

これが危ないのです。まわりからの賞賛は本人の自己評価につながりますが、もともと自己肯定感（self esteem）が低い人はえてして、他者からの評価（other esteem）を必要として、何事もやりすぎてしまいがちです。「もえつき症候群」、いわばバーンアウト・シンドロームは、仕事熱心な人にだけ起きるのではありません。自己肯定感の低い人に起きることが多いのです。

F君には、先生が「君が全部やる必要はないんだよ。みんなでやろう」と言い、実際にクラス全員で作業をする仕組みをつくることが大切です。

◆財産を失い、信用も失う

Kさんは、由緒ある家柄に生まれ、美術書の出版社の経営者として業界では有名でした。名の知れた画家や書家の値の張る全集を出すだけでなく、国内外に散逸している美術品を体系だって収集してきたことでも知られました。

あるとき、友人に事業を起こすので投資しないかと誘われます。妻が止めるのも聞かずにKさんは多額のお金を出したのですが、その投資話はまったくのデタラメでした。騙されたのです。

貯金の大半を失っただけでなく、国宝級の絵画数点を担保に借金をしたため、Kさんは苦境に立たされます。借金返済のため、大切にしていたコレクションを売り、美術館に貸し出していた傑作中の傑作も手放す羽目になりました。

家族には責められ、彼の心は、喪失感と見すてられ不安でいっぱいになってしまいました。

【この事例のポイント】

Kさんは、財産を失ったことだけでなく、家族、美術館関係者から見すてられるのではないかという不安を味わっています。財産をなくすことが、信用や人間関係まで失ってしまうのではないかという不安に結びつくのは、めずらしいことではありません。

また、数百年続いてきた家が自分の代で世間から物笑いの種にされるのではないか、という不安も大きいものでした。

◆若さを失いたくない

Rさんは若い頃からスポーツマンでならしていました。七二歳になった今も、地域の指導員を引き受け、子どもたちに様々なスポーツを教えています。

しかし、ひざの痛みと物忘れがひどくなってきて、それが悩みの種になっています。体の不調のせいで、楽しみにしていたスポーツ大会に参加できなかったときは、忸怩《じくじ》たる思いでした。

「年齢相応のことをすればいいじゃない」

と家族が言うと、Rさんは決まって不機嫌になります。

「自分は違う、俺にはできるんだ」

と言い返すのですが、できないことが年々増えてしまうつらさは本人が一番身に染みています。

老いを受け入れられず、みんなが自分を年寄りだと思っているのではないかと、そればかりが気になります。かつてのように活動的でなくなった自分から、みんな離れていってしまうのではないかと不安が募るのです。

そんなことが一年もつづき、最近では体力ばかりか、外へ出る気力も失われつつあります。

【この事例のポイント】

年はとりたくないと誰もが思います。しかしRさんの自己肯定感の低さが、現実を受け入れることを難しくし、本人を苦しめています。ではどうすればよいでしょう。

今まで精いっぱいに生きてきたことを認め、自分でそれを評価できるようになるのが理想です。他者の目はそれほど気にならなくなり、たとえ批判されても聞き流せるようになるでしょう。Rさんの場合には、自分自身に向き合う「インナーチャイルド・ワーク」などが効果的です（第4章【第3のステップ】参照）。

いかがでしょうか？　誰もが、多少なりとも心あたりのある状況と言えませんか？　程度の差はあれ、見すてられ不安をすべての人が持っているとしたら、こういう感情が醸成される背景には共通点がありそうです。

次章では、その鍵を探すため、幼少期にさかのぼって、見すてられ不安の源泉を見ていこうと思います。

第 2 章

不安の種がまかれるとき

前章で紹介したように、私たちは人生のいろいろな場面で見すてられ不安を感じ、落ち込んだり、時には不健康な行動をとったりすることがあります。そもそも見すてられ不安は、どこからやってくるのでしょうか？　不安があっても上手にのりこえることのできる人もいれば、パニックになってしまう人もいるのはなぜでしょう？　心配性で不安を常に抱えている人が、同じような人間関係の失敗を繰り返す傾向があるのは、どうしてなのでしょうか？

見すてられ不安のルーツを知ることから、すべては始まります。原因がわかれば、対応の仕方もわかるからです。なぜそうなるのか気づかないまま、生きづらさを抱えている人は少なくありません。

具体的な出来事が引き金になっていると自覚できる場合は、「あの人には近寄らないようにしよう」とか「ああいう仕事は自分には向いてないから、もうやめよう」と回避することができます。しかし、原因が特定できない場合は、どうすればよいのでしょう？

謎を解く鍵は、あなたの子どもの頃にあります。正確に言うと、親や養育者との関係をとおして、幼い頃に身につけた考え方や思考パターンに見るべきポイントがあるのです。

自分のために過去を振り返る

ところで、問題の所在を生育歴に求めることに関して抵抗感を持つ読者もいるでしょう。もう立派な大人なのに、どうして昔のことを蒸し返さなければいけないのだ、と。また、あなたが親なら、子どもが親のせいにするなんて非常識だと不愉快になるかもしれません。勘違いしてほしくないのですが、過去を振り返るのは、犯人探しをして糾弾するためではありません。親を責めるためではなく、自分自身をよりよく知り、苦しみを緩和するためなのです。

たとえ、あなたの親に明らかな問題があり、そのことがあなたを生きにくくさせているとしても、謝罪を要求してなにかが解決するでしょうか？　つらかったことを親にわかってほしいという気持ちは痛いほどわかります。そう思うのは当然のことです。

ですが、残念ながら、私の長年の経験から言って、子どもの思いが親に伝わって関係が改善した例は、ごくわずかです。親が悪かったと心から謝り、行いを改めるケースはほとんどないのが現実です。子どもの思いを真剣に受けとめ、わが身を批判的に振り返ることのできる器を持った大人は、意外と少ないのです。

百歩譲って親が詫びたとしても、それですべてが終わったわけではありません。あなた自身が自分の問題として人生をとらえなおす仕事は、手つかずで残されたままです。たとえば、暴力をふるっていた親が謝ったら、「正直に伝えてよかった」と嬉しくなるでしょうが、それで自己否定感や無力感、悲しみから解放されるためのあなた自身の努力が帳消しになるわけではないのです。

これを解決できるのは、あなたをおいてほかにいません。自分の問題として取り組まない限り、永遠に解決することはないのです。

あえて、「回復」という言葉を使いましょう。傷ついた自分をありのまま見つめ、いたわり、よりよく生きる営みを回復とするなら、それはまぎれもなくその人にしかできない「内的な仕事《インサイド・ビジネス》」です。

自分の生い立ち、親子関係を探り、いつ、なぜ、見すてられ不安が自分のなかに巣くったのかを知る勇気を持ちましょう。服を着るとき、一番上のボタンを掛け違えれば、一番下までずれたままになってしまいますね。**生育歴をふりかえるのは、子どもの自分を大人の自分がありのまま受け入れることで、見えてくるものがあるからです。それができると、これからの人生が変わっていきます。**

当たり前ですが、時間の針は戻せません。子ども時代をやり直すことも不可能です。けれど、あなたが小さい頃の経験をどう自分自身で認識してきたか、もしくは認識させられてきたかを理解すると、今こんなふうにつらいのは自分のせいではないということが、はっきりわかります。そして、自分を責めるのをやめることができます。新しい人生を開くことができるのはほかならぬ自分なのだ、その責任は親ではなく自分にあるのだということがわかっていきます。

抱えなくてもよい荷物をたくさんあなたは抱えてきました。それを一つひとつ肩から下ろして、本来持つべき荷物を持って、行くべき方向へ歩んでいく必要があるのです。

子どもが健康に成長するために必要なこと

さて、そもそも子どもとはどういう存在なのかを考えてみましょう。

小さな赤ちゃんが健康に成長するための条件というものがあります。それは、次の通りです。

① ミルク・食事

② 寒いときには衣服を着せてもらい、暑いときには衣服を脱がせてもらうこと

③ 安心できる寝場所と、自由に動き回れる場所

④ 適切な医療。体調を崩したときに医師の診断を受け、年齢に応じて予防接種を受けること

ここまでは、多くの人が納得するでしょう。しかし、これだけではありません。

⑤　環境が安全であること

身を置く場が安全でなければ、健康な成長は阻害されてしまいます。大人が大きな声でテレビを見ているときに文句を言ったり、団らんを暴力でぶちこわすような環境では、おちおち生活ができません。

⑥　無条件の愛情を受けること

子どもは成長のプロセスにいます。やるべきことをやらなかったり、してはいけないことをしてしまうことは往々にしてあります。そのようなとき、養育者は間違った行動をただす必要があり、状況に応じて正しく叱らなくてはいけません。最も避けなくてはいけないのは、

「お前はなにをやってもダメな子だ。そんなこともきちんとできないのか」

「なんて恥ずかしい。そんなみっともない奴と歩きたくない」

となじったり、暴力を振るうことです。これはしつけとは言いません。問題行動を指摘し

て、軌道修正させるのは養育者の仕事ですが、暴力、人格を否定する言葉、子どもを不安にさせる口調は、子どもの心に深い傷をつけてしまいます

問題は指摘しても、存在を否定しないことが大切です。

「お前のしたことは間違っている。でも、お前を愛しているよ」

という、「無条件の愛情」が子どもには必須です。

ところで、条件つきの愛情とは何でしょうか？　それは、夫婦間、男女間の愛情です。暴力を振るう配偶者とは暮らせませんし、そんな人を愛することもできません。他の誰かと関係を持つような相手を愛することも難しいでしょう。夫婦、恋愛関係には最低限守るべきルールというものがあり、それを破ったら関係解消となりかねません。結婚の場合は「契約」です。契約内容が履行されなければ崩壊してしまいます。

子どもへの愛情を、これと同じように考えるのは間違っています。

「○○したら、△△してあげる」

と言って、操ろうとしてはいけないのです。

親の希望通りの進路を選ばなくとも、間違った行動をとったとしても、

「お前は大切な存在だ」

と言葉と行動で示すべきです。

私のカウンセリングルームには、子どもの進路に不安を持っている親御さんが来ます。話を聞くと、どんな学校に行ってほしい、将来はどんな仕事についてほしい、結婚相手にはこんな人を見つけてほしい……と、口に出すか出さないかの違いはあっても、子どもに言うことをきかせたくてたまらない様子が伝わってきます。

「あの子を思うと、それがいいと思うんです」

とおっしゃるのも、ある程度、共通しています。

成長した子どもでさえ負担に感じるであろうことは想像に難くありません。ましてや小さい子どもが、

「言う通りにしなさい。そうしなければ〇〇してあげない」

と言われたら、どんな気持ちになるでしょう?

すべてやりたいようにさせろというつもりはありません。ですが、それ以外に選択肢がないと思い込ませて、指示に従わせようとするのは脅迫です。養育者の言葉は絶対で、従

わなければ見すてられるという恐怖は、子どもをパニックにとおとしいれます。

保護とケア、安全性、そして無条件の愛情が与えられることで、子どもは養育者と愛着関係を結べるようになるということを、おわかりいただけたでしょうか。この場所は安心だ、この人は安全だと感じ、自分の存在がありのまま受け入れられていると理解することで、自己肯定感が芽生えます。養育者との強い絆を感じることが、見すてられ不安を遠ざけることになるのです。

養育者がどう扱うかが、そのまま子どもの自己イメージに反映されます。大人が子どもの基本的なニーズを満たさないと、子どもは「自分はできが悪い」と信じ込んでしまい、見すてられるのではないかと怯えるのです。養育者は実際にそばにいるだけでは足りません。目の前にいるのに自分の方を向いてくれないなら、子どもには大きな喪失感となるでしょう。

見すてられないために、自分のニーズではなく、養育者のニーズを満たす必要があると子どもは考えます。さらに、大きな声で泣きたいとき、なにかしてほしいときも、見すてられてしまうかもしれないという恐怖から、素直に気持ちをあらわすことをやめてしまいます。

このような悪循環ののち、いつしか親がほんのちょっと目の前からいなくなっても、友だちとけんかしても、見すてられ不安のスイッチがはいって、それが世界の終わりのような大ごとだと感じてしまうのです。

一方、自分は愛される価値があると感じている子どもは、親はそのうち戻るだろうと思い、不在時にパニックになることはありません。友だちとけんかをしても、すぐにケロッとして仲直りをします。自分が悪いと思ったら「ごめんなさい」と言えるし、相手を許して受け入れることもできます。

先日、スーパーで買い物していたとき、五歳くらいの男の子が、泣きそうな顔をして立っていました。

「どうしたの？　ママがいないの？」

と声をかけると、今にも泣きだしそうな顔でこっくりとうなずきます。

「心配ないよ。きっとママはもうすぐ戻ってくるからね。それまでおじさんと一緒に待っていよう」

と言うと、青ざめた顔に血の気が通いました。

数分後、ショッピングカートをひいた女性がやってきました。私が、

「お母さんですね？　坊やがはぐれてしまったようでしたので、一緒に待っていたんですよ」

と告げると、彼女は怪しげな眼で私を頭の先からつま先までじろじろと眺めます。そして、いきなり子どもに、

「だから買い物についていて来るんじゃないって言ったでしょ！　ばかね！」

と怒鳴って、私に背を向けて歩き出しました。母親の後を追いかけてゆく男の子が、角を曲がるときこちらを振り返り、手を小さく振ってくれました。

こんなに小さいのに、すでに自分の感情を抑圧して生活をしているのです。私は胸が塞がれるような思いでした。なぜ、母親は、

「一人にしてごめんね。大丈夫よ、ママはそばにいるから。おじさんがそばにいてくれて

よかったわね、今度からママ、気を付けるわね」

と言えないのでしょう。彼女もまた、幼い頃に不安や恐れ、悲しみを十分に受け止めてもらえなかったのかもしれません。自分が持っていないものを子どもにあげることはできなかったのでしょう。世代間連鎖のチェーンを彼女は断ち切れるのでしょうか。それとも、この男の子の仕事になるのでしょうか。

子どものパワーを奪う行為

さて、子どもは、家庭だけで成長するわけではありません。学校にいる時間、友だちと遊ぶ時間、課外活動や塾の時間、親戚や祖父母、地域の人とふれあう時間を通して、パワーを育んでいきます。

パワーというのは、具体的には、自己肯定感や自己効力感といった、生きる上で欠かせない生命力・自己回復力をさします。自分らしくのびのびと生きていくために必要なものを、人間は子どもの頃に体得していきます。

子どもが接している大人のなかには、残念ながら、成長に有害となる存在もいます。とりわけ、もっとも身近な養育者が子どものパワーを奪ってしまう場合が少なくありません。やっかいなのは、そのような養育者に悪気がないことです。子どもを思っているからやっているのだと頭から信じこんでいるので、言動の問題性に気づいてもらうのは、並大抵のことではありません。

子どもに必要なものについては前述したとおりですが、ここではやってはいけないことをさらにあげましょう。しつけのためにやっている、などという発想はまったく見当違いです。

① 暴力

力で言うことを聞かせること、思うようにならないからと言って身体的懲罰を与えることは、子どもの健康な成長を妨げるばかりか、それまで子どもが日々蓄積してきたパワーを奪い去ります。痛みと恐怖におののいた子どもがかかわりに育てていくのは、深い悲しみと、「こんな扱いを受けるのだから自分には価値がない、自分は生まれてくるべき人間ではなかった」という無力感です。

子どもは、一人で生きていくことはできません。危険な養育者のもとで生活するしかないのです。ですから、家を飛び出せるくらい成長するまでは、見放されまいと必死になります。見すてられ不安が、子どもを支配しないはずがありません。

② **暴言**

物理的に怪我をさせていないのだから問題ないと開き直る養育者がいたら、もってのほかです。暴言も暴力のひとつです。大きな声で怒鳴る、「お前はバカだ」「いらない子だ」「産まなければよかった」「なにをやってもダメな子だ」などという言葉は、子どもの心を深く傷つける強い力を持っています。ありのまま愛されていると感じられないという悲しみは生きるパワーを奪っていきます。そのしくみは、身体的暴力と同じです。

③ **過保護・過干渉**

転ばぬ先の杖は時に思わぬ凶器にもなります。殴ったり蹴ったりすることが暴力なのは言わずもがな。しかし、

「私ほど子どもを愛している親はいない。子どものためなら何でもしてあげたい」

という思いから行動したことが、必ずしも本人のためにならない場合があり、それどころかパワーを奪うことになることも、知っておくべきです。

子どもが失敗しないように、傷つかないように心配し、まだなにも起きていないのに不安をつのらせる。自分が子どものときに手にできなかったものを、自分の子どもにはすべて与えてあげたいと思い、子どもの意志をそっちのけで与えようとする。そのようなことが、子どもの自尊心を少しずつ奪っていきます。

私のカウンセリングルームに来た、母娘の会話を紹介しましょう。

「お母さんは私になにも買ってくれないんです」

「なにを言うの！　あなたのためを思って何でも買ってあげているのに、よくもそんなことが言えるわね」

「セーターだって、一枚も買ってくれてないじゃない」

娘は反発して、母親をにらみつけます。

「クローゼットのなかを、よーく見てごらんなさい。少なくても三〇枚はあるでしょ？」

「お母さんは、自分の好きな色のセーターしか買ってくれてないじゃない。私は明るい、原色が好きだって言ってるのに」

「原色なんて品が悪い。あなたには似合わないわよ」

母親はたくさんのセーターを買ってあげました。けれど、娘からすれば一枚も持っていないに等しいわけです。自分が与えたいと思っているものしか与えないというのは、愛情のはき違えです。

なにがほしいのか、どうしたいのか問われないまま成長すると、「困ったらどうせ親が何とかしてくれるだろう」と思う責任意識のない大人になりかねません。あるいは、物事がうまくいったときに自分の力で成し遂げたのだと思えず、自身を正当に評価できないという問題が生じます。

④ 感情を抑圧させる

つらい、悲しい、さびしい、腹が立つ……こうしたネガティブな感情を表に出すことが許されない環境、あるいは、うれしい、楽しい、幸せだといったポジティブな感情のみが歓迎される環境にいるのは息苦しいものです。イエスと答えることしか求められない環境も同様です。

誰しも聞きたくない話は遠ざけたいと思うもの。しかし、私たちが知っておかなくてはいけないのは、**感じていけない感情などなに一つないということです。**「つらいと思うのは弱いからだ」とか「悲しいと思うのは負けだ」とかいう、気合いでどうこうしようという発想は、百害あって一利なしです。

大人は、ありのままの感情を受け入れ、それを認め、サポートしなければならないし、言いくるめたり、もっと大変な人がいるなどと言って教え諭したりしてはいけません。そのつど感情を解放すれば、地雷として蓄積されることはないので、たとえ一時的に大きな不安を覚えても、必要以上におびえたり自己否定したり、罪悪感をおぼえたりすることはなくなります。そのことを大人は知っておくべきなのです。

地雷になるまえに

ちょっとしたことで激高する人や、必要な指摘をしただけなのに曲解して口をきかなくなる人、自分に非はないのに深く落ち込んでしまう人が、周りにいませんか？

彼らは、目の前の出来事ではなく、過去からずっと溜め込んできた地雷に反応しているのです。一つ二つの地雷ではなく、まるで地雷原のなかにいて、一触即発という状態だったのかもしれません。

地雷を抱えている人は、職場でリストラのうわさが出ただけで、自分がお払い箱にされるに違いない、と思って慌てふためくでしょう。そして、どうせクビになるなら自分からやめてしまおうと突然、辞表を出したりします。噂は嘘かもしれないし、その人は職場でとても評価されているかもしれないのに。

もしあなたが自分に地雷があると思ったら、焦らなくてもよいので、時間をゆっくりかけて、心の痛みが生まれた子ども時代の思い出をふりかえってみてください。なにも怖いものがなかったならどうしたかったか、いつから不安にふりまわされるのが習い性になってしまったのか、探ってみましょう。物心つく頃からつらかったと気がついたら、今まで生き延びてきた自分をただ心のなかで抱きしめてみましょう。

ネガティブな感情は、誰かに話を聞いてもらうことでしか癒されないということをまず理解してください。未完の感情を完結させる唯一の方法は、話をすることです。それも批判されず、意見を押しつけられずにただ聞いてもらうことが肝要です。

痛みをまぎらわすために、ギャンブルや薬物などに依存してしまう人もいます。私は依存症の治療に長年たずさわっていますが、依存症者のなかに、暴力を受けて育った人が少なからずいることを実感します。特に覚せい剤の依存症を見てみると顕著です。覚せい剤は強い薬理作用があり、一瞬で全能感を覚えるため、自己否定感を抱えている人を吸い寄せてしまうのではないかと睨んでいます。私には、依存症者が、子どもの頃に奪われたパワーをつかの間でも取り戻そうとしているかのように見えます。

しかし、依存物質・依存行為の効き目がなくなれば、つらい現実は変わらず横たわっていることが嫌でも目に入ります。結局、一歩をふみだすには、心の痛み、抑圧された感情と向き合うしかないのです。

刷り込まれたものを手放す

刷り込まれた考え方、価値観は、それがいかに本人にとって不都合で生きにくいものであっても、簡単に取り除けるものではありません。しかも、苛酷な環境で育った人間にとって、その価値観で行動することが、サバイバルの手段であったとしたら、どうでしょう？　大人になって、もう身構えなくて大丈夫だということが頭では理解できても、新しい考え方、価値観が身につくまでは、慣れ親しんだ行動様式にコントロールされ続けます。「リストラ」と聞いただけで、「自分がクビになるんだ」と反射的に考えるその習慣は、あなたの人生のどの段階で生まれたのか、知りたくありませんか？「誰が何と言おうと私はこれでいいんだ」と思えたら、楽になるとは思いませんか？

大切なのは、どのような環境で育ったとしても、どのようにパワーを奪われてきたとしても、失ったものを取り戻すことは可能だということです。

もう一度繰り返します。あなたは、資質やパワーを取り戻すことができるのです。そして、その方法はたくさんあります。

思い出したくない過去に触れる作業には、多少痛みが伴うかもしれません。でも、恐れることはありません。深刻な課題だからこそ、肩の力を抜いて遊び感覚で取り組むという発想の転換が大事です。

準備はできましたか?

では、いよいよ新しい扉をあける実践へと踏み出しましょう。

第 3 章

ゴールを思い描く

見すてられ不安に支配されないということは、具体的にどういう状態をさすのでしょうか？　リストラされても、別れ話が出ても平気になることでしょうか？　大切なものを失っても、悲しくならないことなのでしょうか？

答えはノーです。**見すてられ不安からの回復とは、今起きていることが、未完のまま抱え込んでいるネガティブな感情から切り離されて、それ以上でも以下でもない実際の大きさで受け止められるようになることです。そして、その感情を誰かに話すことができること。その体験を通して、先に進むエネルギーを感じ、認識や行動を変えられるようになることです。**

同じ食材でもレシピがちがえば、中華にもなるしフランス料理にもなります。悲壮感や絶望感をあじわったとき、それを受け止め、どういう反応をしてきたかという「レシピ」を新しいものにし、まったく別の料理をつくることが、回復です。自分にはとうてい不可能と思っていたことを可能する、パラダイム・シフトです。

子どもらしく生きることができなかった過去の自分を思い出し、その子をあなたがもう一度育てなおすこと、親業のやりなおし（reparenting）で、それは可能になります。

回復のイメージがどうしても浮かんでこない、自分にはやり通せる自信がないという人もいるかもしれませんね。見すてられ不安を感じざるを得ない状況に長く置かれたら、そう思うのは当然です。

しかし、心配することはありません。**今まで経験したことがないからといって、これからの人生も無縁だと決めつけるのは性急です。**そういう思考回路、つまり古いレシピこそを、積極的に手放しましょう。

そのためには、まずどうするのがよいでしょうか？　具体的なエクササイズは次章に用意してありますが、ここでは大まかに目的地の風景をイメージしてみましょう。

①「こうなったらいいな」を具体的にイメージする

だめだと思うと本当にだめになる確率があがり、大丈夫だと思って勇気を出すと実現する確率はあがります。ですからなにより、未来に希望を持ちましょう。

お金のない生活を長くしていても、「ボーナスが出たらどうしよう?」と夢想することはできます。恋人がいなくても、「もしこんな人が恋人だったら、なにをしよう? 一緒に旅行に行きたいな」と想像を膨らますことができます。

人間はどんなときも、こういう想像力や夢を描く力を持っています。**自分が思っている以上にあなたはたくましいということを、どうか知ってください。**

見すてられ不安にふりまわされない自分はどんな感じだろう? 二年後の自分はどんなふうになっていたいだろう? と明るい未来を想像してみましょう（それでも夢を持てないという読者は、第4章の【第3のステップ】をやってみましょう）。

②自分の物語をつくる

ゴールは、新しい人生を生きるということです。新しい人生を一つの物語に見立ててみましょう。なりたい自分をその物語に登場させてみましょう。

連続テレビ小説のシナリオライターになったところを想像してみてください。主演はあなた、監督もあなたで、このドラマをつくるのです。

登場人物として、実際に身の回りにいる人、そして、架空の人物をキャスティングしましょう。どういう筋立てだと面白くなるでしょう？　どのような物語が理想でしょうか？

最終回はどのようにしたいですか？（第4章の【第4のステップ】で詳述します）

以上のようなイメージトレーニングが、新しい未来を信じる心の土壌となります。

習慣を変えるとはどういうことか

長年にわたって（人によっては人生のほとんどの時間をかけて）身に着けた習慣を、一夜にして変えることは難しいでしょう。

古い習慣とはどういうものでしょうか？

ためしに、胸の前で両手を組んでみてください。手前にきているのは右手ですか？　それとも左手？

では、今度は反対の手が手前にくるよう組んでください。どうでしょうか？　ちょっぴり違和感がありませんか？

これが新しい人生です。慣れるには、多少の時間が必要です。最初は変な感じがするものですが、続けているうちにいつしか違和感が消えているでしょう。何事もこれまでと違う物事がしっくりなじむまでは、意識的に取り組み、**あきらめずに新しいシナリオを信じ続けなくてはいけません。**

油断は禁物です。何と言っても習慣は根強いので、気がつくとあなたを支配していることがままあります。三日後に胸の前で手を組んでみたら、やっぱり昔と同じになっていたということがあるように、かつての行動や思考のパターンに戻り、また見すてられ不安と「お友だち」になってしまう状況があるのです。

しかし、たとえそうなってもがっかりすることはありません。再発には何らかの引き金があるはずですから、それを把握して対策強化に生かしましょう。そうすれば、少なくとも同じ理由でまた再発することはなくなります。**失敗から学べばよいのです。**

意識しながら習慣を塗りかえる。再発しても、慌てず、その地点からまた新しい物語を生きる。これを繰り返しているうちに、いつしか見すてられ不安に支配される生活から抜け出ているでしょう。

人間には、たとえつらい状態であっても、その場所に長くいるとそれが当たり前だと認識してしまう傾向があります。矛盾しているようですが、これはおかしい、何とかしなくてはいけないという気持ちが芽生えたとしても、慣れ親しんだ経験は何であれ手放すときには多少なりとも不安が伴うのです。

社会人になってはじめての出社日、行ったことのない場所への一人旅は、だれでもドキドキするものです。けれど、そうやって一歩を踏み出すたびに、あなたは成長してきたはずです。

未来が怖いと思ったら、こんなふうに考えてみましょう。今まで通りの生き方を続けたらあなたはどうなりますか？　今より幸せでしょうか？　人生は魅力的でしょうか？　その答えをじつはあなたはすでに知っているのではないでしょうか？

回復に要する時間

回復には、いったいどの程度の時間が必要なのでしょう？　すでに述べたように、その過程においても、ともすれば、見すてられ不安に押しつぶされそうになることが、たびたびあるでしょう。もう乗り切った、格闘が終わった、といえるマラソンの完走地点のようなものはじつはありません。そのような意味では、非情ですが「完治」はないのです。回復はプロセス。その過程において、残念ながら近道はありません。

糖尿病の人は、いつになったら昔のように食べたいだけ食べられるようになるのでしょうか？　アルコール依存症の人は、いつになったら気持ちよく適度に飲酒できるようになるのでしょうか？　ギャンブル依存症の人は、いつになったらほどほどにパチンコやスロットを楽しめるようになるのでしょうか？　残念ながら、現代医学の力では今のところは不可能です。

しかし、糖尿病、高血圧などの持病があっても、人生を精いっぱい楽しく生きている人がたくさんいます。依存症であるという自覚をもって、正しい知識を得て、お酒やギャンブルに近づかない努力を続けることで、充実した日々を送っている人も少なくありません。

同じように、見すてられ不安を完全に根絶やしにすることはできません。不安それ自体はなくならなくても、**支配されないで生きられるようになれば、それが回復といえます。**

では、具体的にはどういうプロセスを回復というのでしょう。

回復には、いくつかの段階があります。それは、次のとおりです。

① **第1段階**

自分では問題を自覚していないが、周囲とうまくいかないことが増えてきて、まわりからも批判をされることが多く、自発的にではなく、どちらかというと仕方なく課題に向き合うような気持ちでいます。

② **第2段階**

人に言われるからでも、誰かを失いたくないからでもなく、見すてられ不安の問題を自分自身の課題として取り組みたいという意識が芽生え、これまでのあり方を変えたいと思うようになります。自分の問題が内面化する段階です。

周囲との軋轢をきっかけに、不本意ながら自分の課題に向き合う必然性を感じはじめる

生きにくさが自分の内的な課題に変化し、自ら回復をのぞむようになる

見すてられ不安に支配されずに生活できる。パニックにならずに対処できる

自助グループなどに参加して、自分の回復の体験を、同じ課題を持つ人たちに伝えていく

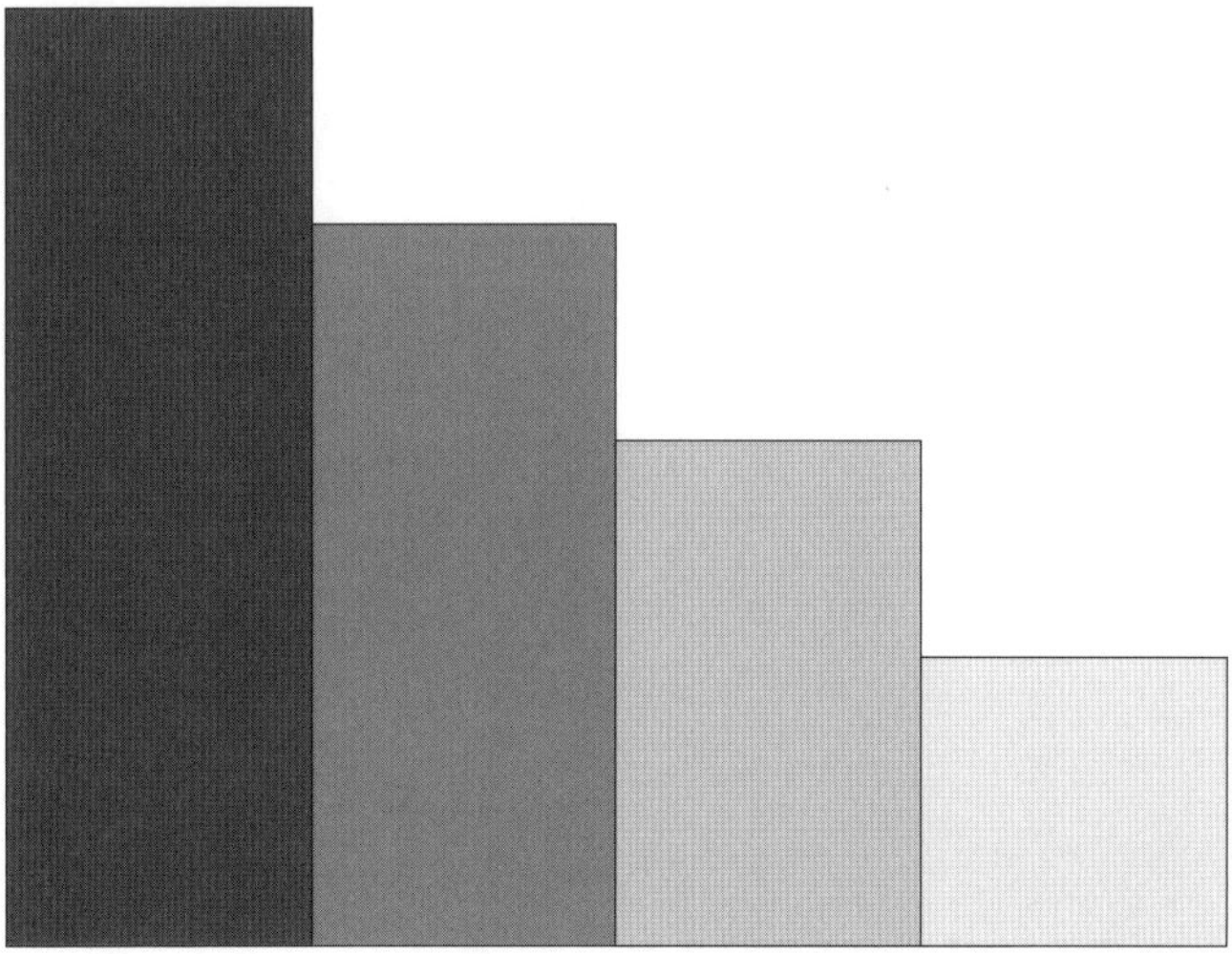

第１段階　第２段階　第３段階　第４段階

③ 第3段階

見すてられ不安に支配されなくなり、実生活が大きく変わります。不安になっても、冷静に自分自身を見つめ、慌てないですむようになります。自分の力ではどうにもならないことは、つらいながらも手放すことができる段階です。

④ 第4段階

ここまでの段階を自助グループ（当事者どうしの体験を分かち合うことで回復を目指すしくみ）の中で行うことも重要ですし、自分の回復を仲間に伝えることも大切です。自助グループに参加し、ここにたどり着くまでの体験を、同じように見すてられ不安を抱えている人たちに伝えていく。これが第4段階です。とりわけあなた自身が自助グループでヒントをもらうことで回復をしてきた場合は、ぜひその経験を同じ問題を抱えている人のために伝えましょう。

仲間のコメントがあなたの背中を押したように、あなたの体験が仲間にとってのギフトになることがあるかもしれません。

回復への道は限りなく続きます。下りのエスカレーターを逆行して、上のフロアを目指すところを想像してみましょう。歩みを途中で止めると、いつの間にか元に戻ってしまいます。回復を目指す試みもそれと同じです。でもそんなときも、あきらめずにまた上を目指しましょう。

生きていればいろいろな出来事に遭遇します。たとえ悲しいことがあっても、つらくなっても、そのとき生じた感情を正しく自分で扱えるようになったと自覚できたら、あなたは不安から解放されたと言えるのです。

再発の罠

あなたの足をひっぱるものは何でしょうか？　一生懸命回復に取り組んでいるのに、なにかのひょうしにとてもつもなく不安になってしまうことがあります。つまり、再発です。しかし、恐れることはありません。すでに書いたように、失敗から学べばよいだけのこと。

再発には、いくつもの引き金があります。見すてられ不安という魔物は、いくつも罠を仕掛けてきます。魔物には、魔物らしい表現や能力があります。そのパターンを、事前に予測しておけば、再発は防げます。

「彼が振り向いてくれるわけないじゃない。あなたを好きになるなんてあり得ない」

「別れを切り出されたら、どうするの？　今なら傷つかなくて済むから、深入りはやめなさい」

「その年で転職できるなんて、まさか思ってないでしょうね？　こんな時代に、経験者でもないあなたが、◯◯業界で仕事をするのは夢のまた夢よ」

「結婚して幸せになりたいだって？　両親を見てごらんよ。人生の大半を相手の悪口を言うことに費やしたいの？」

魔物のささやきが聞こえてきたら、「ああ、来たな」と、まずは慌てずに構えましょう。

魔物は、動揺し、不安のどん底に転げ落ちるあなたを見たくて仕方がないのです。魔物の声にしたがって、あなたが思いとは別の行動をとれば、それこそ思うつぼです。

冷静に、その声の言うことが正しいかどうかを、聞き分けようとしてみましょう。それは自分を健康に保ち、幸せにしてくれる天使の声なのか。はたまた大きな問題を招く悪魔のメッセージなのか。

もし後者なら、

「うるさい、君の言うことなんて聞いていないよ。よけいなお世話だ」

と、心のなかで返せばよいのです。

回復の過程のなかで、少しずつ自分がより楽になれる実感が得られます。頭のどこかであなたは本当はわかっているのです。自分はもっと幸せになれるということを。その思いこそが、暗闇を照らす光です。途方に暮れそうになったら、その明かりをめざして踏み出しましょう。

回復とはどういうことか

回復というのは、目の前で起きていることに無頓着になることでも、なにも感じなくなることでもありません。すでに紹介した四つの段階を経る過程で、以下のような兆候を感じるようになるでしょう。

・問題があっても、その問題に支配されずに生きられる
・問題が起きても、自分が問題なのではなく、問題が問題である、という捉え方ができる
・自分の資質とパワーを、人生の様々な場面で使うことができる
・自己肯定感を持つことができる
・考え方、行動が理にかなったものになる（バランスの取れた生き方ができる）
・他者の領域とのあいだに健康な境界線が引けるようになる（相手が引きうけるべきことをかわってやらない。自分がやるべきことを人に任せない）
・生き方がおおらかになる

・周囲と健康なつながりが持てる
・安全な場を確保できる
・現実を正確に把握できる
・周囲の助言やサポートを受け入れられる
・自己信頼感を持てる
・本当に必要なものと、ほしいものの区別がつく（必要なもののために優先的に労力を使うことが可能になる）
・感情を素直に感じ、それを適切に表現できる
・イエス、ノーの意思表示をはっきりできる
・お金の管理に責任を持てる
・過去のシナリオが、現在の自分を支配しなくなる
・再発の兆候をいち早く察知し、再び回復に向けて自身を調整できる

いかがでしょうか。

目指す山頂が見えてきたところで、いよいよ山登りを始めましょう。

第 4 章

見すてられ不安をのりこえるための実践

ここまで紹介したとおり、見すてられ不安は根の深い病理です。どのようなアプローチが効果的かは、本人の気質によって、また深刻度によってかわってきますが、本書では、私のカウンセリング経験をもとに、いくつか実践的な対策法を紹介します。

ナラティブ・セラピーという選択

自分の人生に主体性を持つことを目的にするケアの方法論があります。それがナラティブ・セラピーです。ナラティブ・セラピーは比較的新しいアプローチで、うつや依存症の治療にも極めてよい効果が期待されているだけでなく、従来よりも短期間で治療できる画期的な方法だという実感があります。

私もカウンセリングの場では、基本的にナラティブ・セラピーを用い、さらに状況に応じて認知行動療法やゲシュタルト・セラピーなど、従来の方法もつかっています。

ナラティブ・セラピーは具体的にはどういうものでしょう。

これまでは一対一で治療・援助するやり方が主流とされてきました。無意識にまで洞察を加える精神分析的な方法、家族を個々の人間の集合ではなくひとつの生きたシステムとしてみる「家族システム」論などが、よく知られています。いずれも専門家と言われる人たちの専門的なかかわりにおいて取り組むのが常識でしたが、ナラティブ・セラピーは、その専門家の立場を患者、クライエントと呼ばれる本人に譲り渡すことを前提にしています。どういう力を持っていて、問題はどういうことで、どんな可能性を感じているのかといったことを最もよく知る人は、本人をおいていないという考え方です。ナラティブ・セラピーはポストモダン的なアプローチと言われますが、そのゆえんは、人生のエキスパートは本人であり、自分の人生の責任は自分にあるという認識を基盤にしているからなのです。

専門家に任せたほうが安心だし楽だ、という方もいるかもしれません。確かに、怪我や内科的な病気であれば、医師の専門知識と技術が治療には必要です。しかし、病院に通うとしても、薬を飲むのか飲まないのか、手術を受けるのか受けないのか、そもそも治療を受けるのか受けないのかといった基本的な決定は、患者がすべきです（もちろん、自傷他害の恐れのある場合には別ですが）。ですが、インフォームドコンセントの時代になったとはいえ、専門家と支援される側の役割分担が固定されている医療現場では、ついその原則を忘れがちになります。

とりわけ、生きにくさの病（Dis-ease）は、誰かに任せて自分はなにもせず横になっていればいい、というものではありません。**親や養育者に十分に与えてもらえなかったり奪われたりした力を自分で取り戻す過程のなかに、回復があるからです。**

スポーツ選手のトレーニングコーチが、選手のかわりに一生懸命グランドを走っても、意味はありません。選手その人がトレーニングを積まなければ、競技の場に立つことはできないのです。

専門家の役割とは

ここで、援助者の本来の役割について考えてみましょう。精神科医、臨床心理士、精神保健福祉士、保健師、看護師、カウンセラーといった援助専門職は、様々な方法とプロセスを通して問題解決を促し、援助するのが仕事です。彼らは、自分たちが問題解決のエキスパートであると考え、ケアを必要とする側もそうあることを期待します。

しかし、援助はとても時間のかかるプロセスです。学んだことを本人が身につけるまでに時間がかかるだけでなく、いったん援助の場を離れると瞬く間に状況が後退し、最悪は元に戻ってしまう「再発」が起こり得ます。そして、そのときに、負のスパイラルが生じやすくなります。「やり通せない自分はダメな人間なんだ」という思いが再び頭をもたげ、それまで以上に援助専門職を頼りにし、時には依存するということが起きてしまうのです。

いっこうに改善しないまま、何年も向精神薬を飲み続けたりカウンセリングを受けたりする人が多いのは、そのような悪循環が背景にあるとしか思えません。

時には、「診断名」「見立て」という魔物が本人を支配します。援助専門職が「あなたは、境界性パーソナリティ障害じゃないだろうか」「機能不全家族で育ったから、こうなった」「それは、きっと共依存でしょう」などと指摘することが、本人の自己否定感を強化してしまうことがあるのです。自分ではどうにもならない問題だから専門家にゆだねようという気持ちが強まり、いっそう依存心を高めてしまうという仕組みです。不安と自己否定によって「自分が問題である」と決めつけると、その人本来の有能で建設的な側面を見失ってしまいがちになるのです。

専門家でさえ、その人の存在を「問題」「病気」「症状」で規定してしまうことが多々あります。「うつ病のAさん」「不安障害のBさん」あるいは、「統合失調症のCさん」というように、問題という名の檻のなかに人を閉じ込めてしまうのです。

そうなると、本人はその檻を二四時間どこに行くときにも持ち歩くようになってしまいます。つまりポータブル刑務所とともに生活するようになるのです。あげくに、「僕はうつです」「私は不安障害です」などと口にするたび、「問題＝《イコール》私という人間である」という認識を、自分で自分に刷り込んでいきます。病気や問題、診断名というのは、その人の人生のごく一部分でしかないのに、症状と治療の話に終始し、それが人生のすべてになってしまうのです。

もとから問題とは関係なく持っていたよい部分、様々な豊かな経験や、その人らしさをつくってきたライフ・ヒストリーが切り離されて、ますます孤立感を強めます。これが「問題による人間の支配」なのです。

もちろん、得体の知れないものに名前がつくことで、前向きになれる人もたくさんいます。そういう人は病気だとわかったときには、こんなふうに考えているのでしょう。「病気だとわかった」──→「問題は病気であって、自分じゃない」──→「病気と闘おう（受け入れよう）」という思考です。これは、診断名によって、自分と問題を分離しているともいえます。

援助専門職は、その人が本来持っている資質やパワーを、本人に気づいてもらえるようなガイドをすべきです。どういう気質を持った人で、どういう質問をするのが効果的か、どうすればその人が本領発揮できるかを考えるのが、専門家の役割ではないでしょうか。

専門知識を教えることが治療だと思い違いをしている人は多いものです。そもそも教育で解決するなら、この世のなかに見すてられ不安を抱えた人や、依存症者は存在しません。理屈ではわかっているけれどどうしようもない、という状況を生きる人にとって、いったいどんな恩恵があるというのでしょう。治療のできない人ほど教えたがるものです。「あなたは、こんなこと知らないでしょう？　私は専門家だから知っている。よく覚えなさい」というメッセージが、知らず知らず問題を抱えている人との距離を作っているのです。

目の前の相手に向き合い、徹底的に話を聞くこと、そして、問題の核心をあぶりだすために質問をすること。これが援助者に最も求められることです。それができれば、答えは本人が出せるのですから。

昨今、「オープンダイアローグ」などという方法がもてはやされています。対等な立場で患者の話をよく聞き、応答するという、きわめてシンプルな方法で、それによって患者の回復に効果的である、と言われています。ではそれまで、いったい治療の場では何を行っていたのでしょう？　患者の話を聞いていたのでしょうか？　当たりまえのことがやっと当たりまえになり、しかもそれがなにか新しい治療援助技術でもあるかのように伝えられているのは、何とも不思議な気がします。

家族はどこまでできるのか

では、家族はいったいなにができるのでしょう。私のもとには、その多くが家族の誰かが依存症者だったり、うつ状態だったり、パーソナリティ障害だったり、統合失調症だったり、という状況でやってきます。たいていクライエントは、病気を持った本人を楽にするのは自分の責任だ、家族さえ頑張れば何とかできると思っていますが、それは思い違いです。

彼らに私はこんな質問をします。

「家族の病気で、あなたが治せるのはどんな種類のものですか？」

すると、みなさんちょっと考えて、

「風邪ぐらいなら」

と答えます。

そこでまた質問をします。

「風邪が長引いて、一週間たっても熱が下がらなかったら？」

すると、

「病院に連れて行きます」

と答えます。

「怪我の場合はどうでしょう。もし階段から転げ落ち、骨折した場合には、どうしますか？」

「病院に連れて行くでしょうね。状況によっては、救急車を呼びます」

こんなふうにやりとりをしていくと、クライエントは、自分にできることはバンドエイドを張る程度の対処法しかないのだ、とわかってくるのです。

見すてられ不安は、バンドエイドで何とかなる問題でしょうか？　答えは「ノー」です。もっと根本的なパラダイム・シフトが求められます。そしてそれを可能にするのは、本人しかいません。

見すてられ不安を抱えた三五歳の女性がいるとします。三五年×三六五日×二四時間ですから、これまで三〇万六六〇〇時間を生きてきたことになります。援助専門職が、仮に一時間の面接を一〇回おこなったとしても、たったの一〇時間。その程度で、本人のなにがわかるのでしょう。

本人以上に本人を知ることのできる人はいません。人生のエキスパートは、その人自身なのです。三五年間生きてきたという事実は、それなりに社会に適応し、生き方を工夫し、問題と戦ってきたことの証明とは言えないでしょうか。そのことに、本人自らが気づかなくてはなりません。

援助専門職が不要だと言っているのではありません。回復のプロセスをよく知っている援助専門職は、とても役に立ちます。大切なことは、問題がどのようにして人を操り苦境に陥れるのか、見すてられ不安という敵の手の内をよく知り、その人が本来持っている資質やパワーに目を向けることです。

「問題＝私ではない」という考え方

自分の人生のエキスパートであるとはどういうことでしょう？

その前提としてあるのは、「問題＝私ではない」という発想です。

「自分の人生のエキスパートになれ」というそばから、責任転嫁せよと言うのか？　読者は矛盾を感じるかもしれませんね。

重要な指摘です。この点について詳しく説明しましょう。

人は、病や問題を抱えると不安になります。不安に圧倒されると、自己否定感に支配されます。そして、「自分はダメな人間だ」「無力だ」「仲間が離れていってしまうのではないか」「仕事をクビになるのではないか」と、どんどん悪い方向に考えて、判断を見誤って負の螺旋階段を駆け下りていくのが、おなじみのパターンでしょう。

誰でも「あの人（あるいは、健康、財産、これまでの成果など）を失ってしまうと、私の人生はいったいどうなってしまうのだろう」という気持ちになります。それは大人でも子どもでも同じことです。不安で凍りついたり、泣き叫んだりする子もいれば、嫌われるのが怖くて、周囲に適応しようとしたり、必死に大人に尽くそうとする子もいます。そうかと思えば、仲よくしたい大切な人にケンカを売る子、相手を力で支配しようとする子もいます。この行動のバリエーションはそっくりそのまま大人にも見つけることができます。

大人も子どもも同じ行動をとるのであれば、背景になにかしら社会の影響があると考えざるを得ません。

日本社会では伝統的に、問題が起きると、誰かが「けじめをつける」という責任の取り方があります。「腹を切る」文化は前近代の産物ではありません。今でも、企業で不祥事が起こると重役が自殺し、「彼が会社と社員を代表して、すべての責任を一人で背負った」などと褒めそやし、盛大な社葬を行うことすらあります。

背景には、我が国独特の恥の文化があるように私は思います。家名(企業名)に傷をつけることはこれ以上ないほどの不名誉で、そうなったとき誰かが犠牲になることで、「みそぎ」は果たされたとみなされます。同時に、真実はあいまいにされ、他の誰かの首がつながるのです。

子どもがなにか大きな問題を起こすと、親が職を辞したり、家を引っ越したりしますが、これも何らかの「誠意」を見せなければ、周囲からバッシングされるということがあるのでしょう。私の実感では、アメリカではたとえば身内が傷害事件を起こしたとしても、そのことによって引っ越しをしたり、家族の誰かが職場を去ったりすることはまれです。家制度を重視する封建時代が長かった日本と、基本的には個人を大切にするアメリカの違いが、こんなところにあらわれているのかもしれません。心の反応は万国共通ですが、「表現方法」がちがうということなのでしょう。

責任を引き受けるというとなんだか格好よい気がしますが、ことはそう単純ではありません。私にはここに見すてられ不安の問題が隠れているように思われます。周囲から見すてられるのがなによりも恐ろしいから、日本人は責任をまるごと背負って自殺したり、迷惑が近隣におよばないように引っ越したり、辞職するといった行動に出るのではないでしょうか。

本当は、問題が問題なはずです。なにかつらいことがあったとき、そのことで生まれる不安感情こそが問題であって、その人自身が問題なのではありません。

それなのに、見すてられ不安が私たちを支配しているときは、「私」が「問題」になってしまうのです。そうなると、人生の主導権を握られ、思うように将来をデザインしていくことが難しくなります。ですから、自分自身と問題をいかに切り離すことができるかが要になってくるのです。


ところで、私は小学生の頃、知らない人や大勢の前で話をすることが苦手でした。私のあがり症を親は問題だと認識してはいませんでしたが、兄にはよくからかわれたものです。中学三年の初めに疎開先から東京の中学校に転校をしたのですが、それが克服の転機になりました。

私は自分にこう言い聞かせたのです。

「この学校には、あがり症である私を知っている人はいない。疎開生活で身につけた方言を手放して、慣れ親しんだ標準語に変えていいんだ。普通に人と話したり、大勢の前で緊張せずに話せる人間としてふるまっていいんだ」

と。すると、

「あがり症だったことには何らかの理由があるはずだ。自分が悪いんじゃない」

と思えるようになりました。

それ以来、私はまったくあがらずに話をすることができるようになりました。それは奇跡でした。今になって考えてみると、このとき私は問題と自分という人間を分離しようとしていたのです。

抱えきれない荷物をおろすことから、回復ははじまります。

ナラティブ・セラピーのステップ

さて、回り道をしましたが、いよいよナラティブ・セラピーの実践にうつりましょう。

人生を描きかえる作業のために役に立つ道具があります。それはこれから様々なエクササイズを通して見つめることになる、あなたの資質とパワーです。

非常用の避難用具は、いざ停電になってからどこにあるかあたふた探しているようでは、用をなしません。平時に場所を確認するだけでなく、懐中電灯の電池が切れていないか、非常食の賞味期限がいつかをチェックしておかなくてはいけません。

それと同様、人生を描きかえるための道具も、日頃のいろいろな場面に応じて使いこなせるようにしておきましょう。道具箱に入っているだけではだめなのです。

これからお伝えするのは、持てる道具を道具箱から出して、フル活用する方法です。カリフォルニア在住の友人のセラピスト、スコット・ジョンソンと一緒に工夫し、私自身もよく用いている実践的な方法をお伝えします。

問題なのは問題であって、自分ではないということを実感できるようになるためのステップです。

【第1のステップ】問題と自分を分離する

〝「問題」が「問題」なのだ。私が問題なのではない〟

そう紙に書いて、目に入る場所に貼りましょう。何年にもわたり、私たちを生きにくくさせる見すてられ不安が、いつから、なぜ自分の問題になってしまったかは、これからのエクササイズでわかってくると思います。まずは一番大切なことを目で確認できるようにしておきましょう。エクササイズの折々で眺めると効果的です。

「問題＝私」という方程式を壊すための最初の作業は、あなたを悩ませている問題の一つひとつに名前を付けることです。自分が抱えている見すてられ不安になにかニックネームをつけてみましょう。好みのネーミングでかまいません。

名前が決まったら、その問題を表現する絵を描くか、一〇〇円ショップでなにかキャラクターのついた日用品、あるいは、おもちゃ屋さんに行って手軽なおもちゃを買ってきましょう。

目に見えるものに見立てるのは、不安や自己否定感を擬人化することによって、問題のありかや、それが持つ影響力がよくわかるというメリットがあるからです。レストランの入り口で、蝋でできた料理サンプルを見ると食べたいものがすぐに浮かんできますね。それを同じ作用をもたらします。

このエクササイズには、無邪気さや遊び心が必要です。見すてられ不安という魔物は、あなたを苦しめ、必要以上におびえさせ、時には過激な行動に誘い込むことを切望している存在です。こんな深刻な事態が何とかなるわけがない、と思わせようとしています。ですからそのような態度の対極にある、無邪気さや遊び心を武器にしなくてはなりません。長い間あなたが苦しんできた見すてられ不安の問題を、大したことではないと一蹴したいのではありません。

すでに、あなたは十分すぎるくらい苦しんできました。その痛みをできるだけ少なくし、自己肯定感を取り戻すには、心に余白を持たせ、自分を俯瞰的に見つめる方法が適しています。**とうに忘れてしまった子どもらしさを呼び戻し、遊び心を持って取り組んでいるうちに、問題から自分が解放されていくでしょう。**

ですから、しかめ面をしないで、真剣に楽しんでみてください。

子ども騙しに思えて、気恥ずかしいかもしれませんが、やってみましょう。次第に問題の本質に触れることができるようになります。

あなたにとって怒りが問題だとしましょう。怒りにまず名前をつけます。とりあえず、「アンガー」と呼ぶことにしましょうか。

名前が決まったら、怒っている人の顔ではなく、怒りそのものを絵にしてみましょう。あるいは、いかにも怒りのイメージを漂わせている物を見つけてきましょう。

一人二役でもかまいませんし、誰か協力してくれる仲間とロールプレイしてもけっこうです。「アンガー」と会話してみましょう。

思いを表現できるという点において、会話形式であることには意味があります。ナラティブ・セラピーにおいては、自分らしさを取り戻す立役者は、あなた自身です。それをここで思い出してください。

では、アンガーさんに登場していただきましょう。

あなた　「アンガー、怖いから、離れてよ」

アンガー「やだね。怖いのが、僕のキャラクターだもん」
あなた「どうしていつもそんなに怒ってばかりいるんだい？」
アンガー「生まれつきだよ。文句あるっていうのか？」
あなた「ほら、もう怒ってる。やめてくれよ！」
アンガー「僕はみんなに取りついて、怒りを充満させるのが仕事さ」
あなた「君と出会う前の僕って、どんな感じだったっけ？　そう言えば、思ったことを自由に口にできて毎日が楽しかったよ」
アンガー「僕に出会う前は、元気だったって言いたいの？」
あなた「そうだよ、僕は本当はのびのびしていたんだよ。どうしたら、君を寄せ付けないようにできるんだい？」
アンガー「そんなこと、教えられないよ。そりゃ僕だって、苦手なものはあるさ。……じゃあ、ちょっとだけ教えるよ。他の人には言うなよ。笑うこと、許すことが、僕の天敵さ」

こんな風に会話をするのです。何度も言いますが、遊び心と無邪気さが大切です。

今度は、見すてられ不安と会話してみましょう。見すてられ不安ですから「ステラ」とでも名づけてみましょう。ステラを、意志を持った生き物のようにとらえてみるのです。誰かとエクササイズをやるときは、その人にステラ役になりきってもらいましょう。

あなた「ステラ。君はいつから○○さん（自分の名前）に付きまとっているんだい？」
ステラ「○○さんが小学三年生になったとき、新しいお母さんが家に来たよね。それ以来だよ」
あなた「ステラ、君はそんなことをして、何になると思っているの？」
ステラ「僕は人を不安にするのが生きがい。心配そうな顔を見るのが趣味なんだよ」
あなた「そんなひどいことをして、罪の意識はないのか！　○○さんがどんなにつらい思いで生きているかわかっているのか！」
ステラ「そんなことを言われてもねえ。それが僕の使命なんだから」

あなた「君はいったい○○さんを、どういう人だと周りに思わせたいんだい？」
ステラ「頼りがいのない、弱々しい、一人では生きていけない奴と思わせたいんだ」
あなた「君はどうやって○○さんを恋人から切り離すの？」
ステラ「『君なんて愛されるわけないよ』とか『どうせいつか捨てられる』なんて言うんだ」
あなた「君の親しい友だちは誰なんだい？」
ステラ「僕の親友は、自己否定感君、無力感君、空虚感君、希死念慮君、深い悲しみ君……。まだまだいるよ。僕が○○さんを襲うときはいつも彼らをつれていくんだ」

どうですか？　どのようにして問題が人を支配するのか、魔物の手口がわかると思います。

【第2のステップ】問題の持つパワーを知り、問題を解体する

回復のための次の作業は、その問題がいつあらわれ、どういう手を使って私たちを苦しめるのか、そのパワーがどれだけ強いかを知っておくことです。相手の手の内を知らなければ負け戦になります。

ここでは、問題のパワーを知るためのいくつかのエクササイズを紹介します。いわば、問題を解体して、徹底的に一つひとつ対処する方法です。「問題」があなたの人生の物語にどのような影響を及ぼすのか、どうやってあなたを支配するのかを知れば、長い間しばられてきた信念や思い込みから解放され、**あなたがあなたになることができます。**

ここでもまた問題との会話が主体になります。再びステラさんにお出ましいただきます。

あなた「ステラ、君はどんな時に、どんなふうにして○○さんを操るのかい？」

ステラ「僕はね、○○さんが、自分の人生を生きたいと思ったときに、すかさず、そんなこと無理だと思わせるんだ。『君なんかにとうていできるわけないじゃないか』と脅かすのさ。たとえば、○○さんが結婚したいと思ったら、『そんなことしたら、お母さんがかわいそうじゃないか』って言うんだ。すると○○さんは、すぐにお母さんの言いなりになるんだ」
あなた「ステラ、君は○○さんを幸せにしたいの？　それとも不幸にしたいの？」
ステラ「不幸せにしたいに決まっているでしょ。それが僕の使命だって、前にも言ったはずだよ」
あなた「ステラ、君は見すてられ不安を感じさせるために、どんな手を使うんだい？」
ステラ「教えたくはないんだけれど、特別に教えてあげる。子どもだった○○さんが一人で留守番をさせられたときや、学校でいじめられたときに感じた怖さや悲しみを思い出させるんだ。そうするとすぐに○○さんは、大人なのにパニックになるんだよ。見ていて面白いくらいさ。怖がって、さびしがって、不安でどうしようもないっていう顔になるんだ」
あなた「○○さんが、カウンセリングやクリニックに行こうとしたら、君は何て言う？」
ステラ「簡単さ。『そんなところに行ったって役に立たないよ』って言うんだよ。『薬をどっさりもらって何になる？』『カウンセリングなんて、何回通わされるのか、わかってるのかい？』ってね。そうすると、たいてい行かなくなるんだ」

あなた「君は、今まで◯◯さんを助けたことって、あるの？」
ステラ「あるわけないでしょ！　僕の使命は、人を不安に陥れることなんだからね」
あなた「君は、◯◯さんから、なにを奪いたいんだい？」
ステラ「あらゆるものさ。奪いつくして、放り出すんだ」
あなた「奪うためには、どんな手を使うんだい？」
ステラ「『恋人にお金を貸してあげなさい』『大切なものは人にあげなさい』『自分を犠牲にしてでもいつもそばにいてあげなさい、力になってあげなさい』。そう言っておいて、最後に、尽くした相手に◯◯さんを裏切らせるんだ。どうだ、うまいやり方だろう？　そうすれば、みんな見すてられ不安に陥るさ」
あなた「君はどのように◯◯さんに悪影響を及ぼしているの？」
ステラ「日に日に少しずつ元気を奪い、自信をなくさせ、さびしくさせ、怒らせ、相手に嫌われるようにし向けるんだ。うつ状態にして、見すてられ不安に陥れるんだよ」
あなた「君はいつまで付きまとうつもりなんだい？」
ステラ「大きな声では言えないけど、死ぬまでさ！」

どうですか？　問題がその人にどのように悪影響を及ぼしているかがわかると思います。あなたが悪いのではなく、見すてられ不安という問題が巧みにあなたを操り、どんどん追い込んでいくやり方がわかってきませんか？　問題の持つ破壊的なパワーに気がつきませんか？

あなたが健康的に人生を進めていくと、問題はがっかりし、悲しみます。回復とは、「アンガー」や「ステラ」を悲しませる行動をとることだということを、忘れないでいてください。

では、具体的に、問題がなにを喜び、なにを嫌がるかを明確にしましょう。見すてられ不安という問題に襲われると、私たちは同時に自己否定感や無力感、悲しみや怒りにも襲われます。いくつかの問題が連合軍を組んで一斉に襲ってくるのです。ですから、私たちも援助者や自助グループの仲間と手を結び、力を合わせて戦う必要があります。

以下に、問題の友人と敵となるもののリストを作ってみましょう。

問題の連合軍となる感情はどんなものでしょうか？　問題のパワーを弱める存在は何でしょう？

たとえばあなたが自助グループに行ったりすることを、問題は喜んでいるでしょうか？

答えはノーですね。これが、問題から見たら敵になります。

友人	敵
・	・
・	・
・	・
・	・
・	・
・	・
・	・

【第3のステップ】自分の資質とパワーを知る

自分の資質とパワーを知るとは、問題から切り離され、健康で自由な自分を思い出すということです。また同時に、自分では気がついていない資質やパワーを知るということでもあります。

今日までの人生のなかには、肯定的にとらえられるよい記憶もあるはずです。周囲の誰かが、「あなたは有能で、素敵な人だ」、あるいは子ども時代に「何てかわいいのかしら」などと言ってくれたことがあるかもしれません。

なにかをうまく成し遂げたり、試験や、学芸会や運動会ですばらしい結果を出したことがあるなら、それも自分のパワーの一つです。

問題モードに支配されずに、本来持っているものを思い出すには、どうしたらいいのでしょう?

以下のエクササイズがとても役に立ちます。いずれもリラックスして、子ども心を忘れずに、無邪気に取り組んでくださいね。

◆エクササイズ1：インナーチャイルド・ワーク

一貫してナラティブ・セラピーの手法を紹介していますが、部分的に、専門家がガイドする従来の治療方法で使われる要素もあえて用います。ここで紹介するインナーチャイルド・ワークもその一つです。

インナーチャイルドは、「記憶にある子ども時代の自分」という意味です。かつて自分がどんな子どもだったかをふりかえることで、本当の姿に気づく練習をしてみましょう。

小学校低学年くらいまでの自分をふりかえってみてください。子ども時代のあなたを最も大切にし、最も愛してくれた人は誰だったでしょう？　家族の誰かですか？　それとも学校の先生、あるいは友だちでしょうか？　その人たちはあなたをどう呼んでいましたか？　名前？　それともニックネーム？　子どもの自分を大切に扱ってくれた人の記憶がない場合は、誰かにこんなふうに呼んでもらいたいという名前を思い浮かべましょう。

子どものときのあなたを呼ぶ名前を見つけましたか？　次に、大人になったあなたが、その子を見つめているところをイメージしてください。その子が、このワークの主人公です。

・あなたはどこで生まれましたか？　都道府県は？

・お父さん、お母さんはいましたか？

・兄弟姉妹はいましたか？　あなたは何番目の子どもでしたか？

・子どものときに住んでいた家を覚えていますか？　大きな家でしたか？　あるいはアパートでしたか？

・家はどんな場所に建っていましたか？　周りに畑や田んぼがありましたか？　山や川、あるいは海や湖が見えるような場所？　大きなビルが見えるような街中でしたか？　それとも商店街があるような賑やかな住宅地？

思い出せることを書いてみましょう。

・家の玄関はドアでしたか？　それとも、日本家屋らしいガラス戸でしたか？

・その家の玄関の前に、小さな子どもが立っています。その子の顔をよく見てみましょう。見覚えがあるはずです。そうです、子ども時代のあなたです。あなたにもこんなに小さかった時期があるのです。その子は、久しぶりに昔住んでいた家に戻ってきました。何十年ぶりかの「ただいま」を言い、今、玄関から家のなかに入っていきます。大人になった今のあなたは、そっと気づかれないように、うしろをついていきましょう。

玄関にはなにが見えますか？　大人の靴やサンダル、ブーツなどがありますか？　兄弟姉妹の運動靴は？　家のなかから誰かの話し声が聞こえてきますか？　それとも、静まりかえっていますか？

…………………………………………………………

…………………………………………………………

…………………………………………………………

…………………………………………………………

…………………………………………………………

・その子が寝ていた部屋に行ってみましょう。その子はどこで寝ていたのでしょう。自分の部屋をもらって、そこで寝ていたのでしょうか？　それとも、家族はみんなで一つの部屋で寝ていたのでしょうか？

・次は、みんなで食事をしていた部屋ものぞいてみましょう。どんな部屋ですか？　和室ですか？　それとも椅子とテーブルがある部屋？　どんな冷蔵庫でしたか？　電子レンジはありますか？

・次に、一番好きな場所に行ってみましょう。その部屋は和室ですか？　それとも洋室？　一番好きだった部屋の窓から外を見てみましょう。なにが見えますか？　なぜその部屋が好きでしたか？

・一番好きな部屋のなかで、座り心地のよさそうな場所を選んでください。少し落ちついた気持ちになりませんか？

そこに座って、その頃のことを思い出してみましょう。楽しかった思い出は何ですか？　運動会？　修学旅行？　それとも、ディズニーランドに連れて行ってもらったことですか？

・悲しかったことも、思い出してみましょう。どんなときに悲しいと思いましたか？　おじいちゃん、おばあちゃんが亡くなったとき？　飼い犬がいなくなったとき？　お父さんとお母さんがけんかをしていたとき？　愛されていると感じられないことが、たくさんありましたか？

苦しかったこと、腹が立ったこと、悔しかったことは？

・悲しくて、苦しくて、さびしくて、腹が立ったときにしっかり受け止めてくれて、優しい言葉をかけてくれた人はいますか？　それは誰ですか？　何て言ってくれたか思い出せますか？

・物陰で様子をじっと見ていたあなたが、その子の前に姿をあらわすときです。

その小さな子の前に立って、

「君を抱きしめてもいいかな？」

と聞いてください。その子は、一瞬不思議そうな顔をしますが、すぐにうなずくでしょう。そしたら、やさしくしっかり抱きしめて、以下のようなことを伝えてあげてください。

「まだこんなに小さいのに、楽しいことも悲しいことも苦しいことも、そのほかのこともたくさん経験しているんだね。君はこれからもそういうことを経験して、大人になっていくんだ。大人になったあなたは、『見すてられ不安』という大きな課題と格闘しているけれど、間違った生き方をせず、どんなに苦しくても今日までちゃんと生きることができるんだよ。本当は素晴らしいパワーを持っている人だから」

このメッセージをあなたらしい言い方にするとしたら、どういう言葉になりますか？　以下に書いてみましょう。

・その子を抱っこしたまま玄関に行ってください。その子に靴を履かせ、あなたも靴を履いて外に出てみましょう。家から数十メートル離れたら、その子をそっと地面におろして、昔住んでいた家を一緒に振り返りましょう。そしてその子にこう伝えてあげてください。

「君の子ども時代は、本当に大変だったね。でも、なに一つ君のせいではないんだよ。君の責任で起きたことなんて一つもないんだからね。でも大変だった。誰も話を聞いてくれなかった。話をしようとしただけで怒られた。でも、こうして君は大人になった。それはとてもすごいことなんだよ」

このメッセージをあなたらしい言い方にするとしたら、どういう言葉になりますか？　以下に書いてみましょう。


ところで、セミナーの参加者やクライエントに、

「もう一度子どもの頃に戻って、同じ人生を同じように経験したいですか？」

と聞くと、ほぼ一〇〇パーセントが「絶対嫌です」と言います。

そこで私はまた質問をします。

「大人が考えても、同じ人生を繰り返すなんて絶対嫌だというような人生を生き抜いてきた方は、どなたですか？」

するど、みなさんは自分だと返します。

この答えは間違いではありません。しかし、ある意味、間違いです。大変な子ども時代を生き抜いてきたのは本人に違いありませんが、正確を期すなら「子ども時代の私」です。

読者のあなたにも問いましょう。大人が考えても繰り返したくないと思うような人生を、子どものあなたが生き抜いてきたことをどう思いますか？　その事実をもう一度しっかり見直すことによって、自分の資質やパワーを見直すことが可能になるでしょう。

◆エクササイズ２：自分のよい面を思い出す

この作業も、自身に質問を投げかけるスタイルです。しつこいようですが、子ども心を忘れないこと、無邪気にやり取りをすることが大切です。インナーチャイルド・ワークには、少なからず痛みを伴う部分が含まれていますが、ここで行うエクササイズは比較的気楽にできるのが特徴です。

誰でも手軽に思い立ったらできるエクササイズを、二つ紹介しましょう。誰かとペアを組んでやってもよいですし、一人でももちろん可能です。

A　大きめの紙を一枚用意しましょう。A4以上が望ましいです。そして右上と左下を対角線で結んでみましょう。左下には「誕生」と書き入れ、右上には「現在」あるいはあなたの年齢を書き入れてください。次ページの図を参照してください。

次にプラス体験とマイナス体験を書き入れていきます。

線の左側に、生まれてから現在に至るまでに起きた、うれしいこと、成功したこと、褒められたことなどを年齢順に書き込んでください。

これはみなさんの「ライフマップ」です。ですから、このエクササイズを「ライフマップエクササイズ」と呼びます。

線の右側の空間には、同じように年齢順に、嫌な経験、悲しい出来事、腹の立ったこと、悔しかったこと、悲しかった出来事などを書き込んでください。

A（A4 サイズ以上の紙）

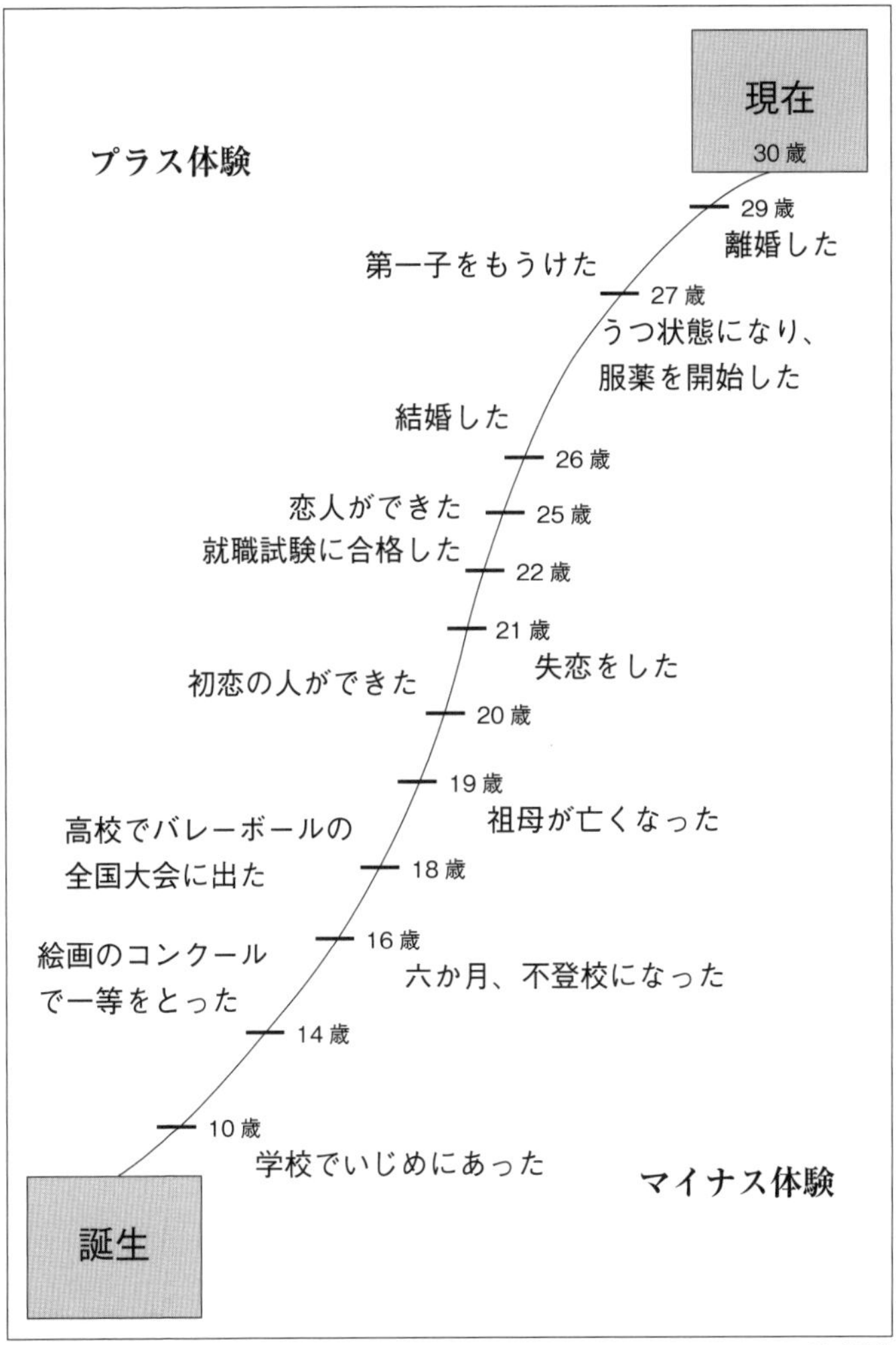

（参考例）

B　さらに紙を二枚用意してください。少し小さめの紙がよいでしょう。一枚目にはプラス体験を、二枚目にはマイナス体験をリストアップします。年齢順に、書きやすいほうから、思い出したものから、どんどん書き入れていきましょう（次ページ図を参照）。

それが終わったら、プラス体験の一つひとつに注目していきます。たとえば、一六歳のときに志望高校に合格したことをプラス体験として記載したら、なぜそれが可能になったかを考えてみるのです。あなたが合格したのは、ほかの受験生がインフルエンザでダウンしたからですか？　そんなことはないはずです。なぜ合格できたのか、具体的に考えてみましょう。「私には集中力がある」から、あるいは、「普段はのんびりしているけれど、これと決めたら脇目も振らず頑張ることができる」からかもしれません。

希望の会社に就職が決まったと書き入れたら、それを成し遂げた自分の資質とパワーを探しましょう。きっとその会社の特徴をよく調べて、自分がなにをしたいのか、どんなことができるのかを面接のときに落ちついて説明できたからに違いありません。もしそうでしたら、あなたの資質とパワーは、「ここ一番のときには、前もって慎重に準備をするタイプである」ということになります。

B（小さめの紙を二枚用意）

プラス体験

1　絵画のコンクールで一等をとった
→集中力がある

2　高校でバレーボールの全国大会に出た
→厳しいトレーニングに耐える力がある

3　初恋の人ができた
→人を引き寄せる魅力がある

4　就職試験に合格した
→目的さえ明確になれば頑張る力がある

5　第一子をもうけた
→子どものために自分の時間を犠牲にする勇気がある

マイナス体験

1　学校でいじめにあった
→通学し続ける強さがあった

2　六か月、不登校になった
→その後、再び通学を始めた。部活で全国大会にまで行けた強さがある

3　祖母が亡くなった
→悲しみを乗りこえ、自分を癒やす力がある

4　失恋をした
→失意のどん底から立ちあがる力がある

5　うつ状態になり、服薬を開始した
→自分の心の状態に向きあい、援助を求める力がある

6　離婚した
→苦境から脱し、ひとり親として子育てするパワーがある

（いずれも参考例）

このような今まであまり気に留めていなかった自分の資質やパワーを、プラス体験のリストアップに加えていきましょう。

マイナス体験の出来事は、どう扱ったらいいのでしょう。つらい出来事の一つひとつを振り返り、当時の自分がどうやって乗りきったのかを思い出すのです。

たとえば、失恋したと記入したら、それについて考えてみます。あなたはどう乗りきったのでしょうか？　思いきり泣いたのではなかったですか？　思いきり泣くという行動は、やさしいようで、なかなか難しいもの。溢れる気持ちそのままを表現できたことは自分の力のなせるわざです。

会社をリストラされたとしたら、そのときの悔しさを覚えていますか？　そのあとどうやって転職活動を頑張りましたか？　どうやって立ち上がって、新しい生活をはじめたのでしょう？　あるいは、再就職できなかったとしても、なにかしら新しい生活をあなたははじめたはずです。地域のボランティアに参加したり、就職相談に通ったりはしていませんか？　そうであれば、「とにかく動きだす」というあなたの資質がその背景にあります。

自分の資質とパワーは、必ずしもプラス体験からしか引き出せないというわけではあり

ません。数々のつらい体験を通り抜けて今日まで生きてきたあなたの、まぎれもなく素晴らしい力を認めましょう。それに気づきさえすれば、人生という物語を描きかえることが可能なのです。

この二枚の紙（プラス体験とマイナス体験のリスト）は大切にとっておきましょう。できれば、これも目に入る場所に張っておきましょう。

◆エクササイズ３：質問に答えながら本質を見出す

次は、問題に支配されていた過去の行動や出来事ではなく、成功した場面や愛されていると感じた思い出から、持てるものに気づく作業です。

以下の質問に答えながら、自分の資質とパワーを、プラス体験の用紙に書き留めて、気に入ったこと、楽しかったこと、うれしかったことを思い出しましょう。それが、これからの物語を描きかえる大きな武器になるばかりか、セルフイメージの改善に大いに役に立ちます。

・あなたが、問題に支配・コントロールされなかったときのことを思い出してください。
・あなたを否定せず、ありのまま受け入れてくれた人はいますか？
・とても素敵だ、美しい、優秀だなどと言って、ほめてくれた人はいますか？
・あなたのしたことをとても評価してくれた人はいますか？　その人は、何と言ってくれましたか？
・あなたに愛を告白した人がいますか？
・あなたの仕事ぶりをほめてくれた人はいますか？　その人は何と言ってくれましたか？
・問題に支配されていなかったかつてのあなたは、どんな資質とパワーを持っていましたか？

こういった質問を自分に投げかけることで、自分でも思わぬ気づきがあるでしょう。「問題」の支配から抜け出すための、とても力強い気づきとなります。

さて、マイナス体験から、自分の資質やパワーに気づくことなんてできるのか、と思うかも知れません。しかし、こうしてふりかえってみると、いくつものつらい体験を通りぬプラス体験とマイナス体験から気がついた、自分の資質とパワーを、以下に書き入れましょう。これこそが誰にも奪うことのできないあなたの宝物です。リスト化するだけでなく、長い文章にしたり、絵やコラージュで表現したり、気に入ったビジュアル素材とともにスクラップ・ブックにしてもよいでしょう。

プラス体験から気づいた自分の資質とパワー

1	6
2	7
3	8
4	9
5	10

マイナス体験から気づいた自分の資質とパワー
（どうやってそれをやりすごすことができたのかを考えてみましょう）

1	6
2	7
3	8
4	9
5	10

けて生きてきた自分がいることに気づくはずです。

では一つひとつのマイナス体験を、自分はどうやって生きぬいてきたのかを考えてください。ときにはきっと今まで気がつかなかった自分の素晴らしい面に気がつくはずです。それを「マイナス体験から気づいた自分の資質とパワー」の用紙に書き入れましょう。

ここまでのエクササイズのなかで、気がついた自分の資質とパワーを、紙に書き留めておきましょう。前ページの図を参考にしてください。

◆エクササイズ４：過去へと回り道してみる

ＴＤＭ（The Detour Method）迂回法という方法も、問題から切り離された自分に気づく方法の一つとして役に立ちます。迂回法は、ジョン・リーというアンガー・マネージメントの分野で実績のあるトレーナーが開発した援助技法です（本書のヒントをくれたスコット・ジョンソンの友人でもあります）。少し簡略化して次に紹介します。

見すてられ不安のベースに、抑圧され、蓄積されたネガティブな感情があるということは繰り返しお伝えしてきました。あなたがこんなにも苦しいのは、現在目の前で起きている出来事のせいだけではありません。地雷化した過去の出来事によって生じたネガティブな感情に反応している結果です。そのしくみは次の通りです。

たとえば、過去の抑圧された不安を、仮に5としてみましょう。そして今生じている不安の大きさを3だとします。3が5に反応して不安が大きくなるわけですが、これは3＋5＝8でも3×5＝15でもなく、なんと3の5乗、つまり243の大きさになってしまうのです。本来が3でも、本人にはそれほど大きなものがのしかかっていることになります。

どうしたら不安を実際のサイズで受けとめられるのでしょうか？　TDMは過去と現在に意識を往還させることでそれを可能にしようとする方法論です。次は一例です。

・（見すてられ不安を感じている）あなたは、今、何歳くらいの自分に戻っていますか？

・今、目の前で起きている出来事は、子どもの頃に起きたどのような事とつながっていそうですか？　過去になにがありましたか？　そのとき、あなたはなぜそんなに嫌な思いをしたのでしょう？

・あのとき、本来ならなにがどうあるべきだったのでしょうか？　あなたには、なにが必要だったのでしょう？

・その過去の状況において、本当はどうなっていたらよかったのか、想像してみましょう。相手に言ってほしかったこと、してほしかったことを思い出してみましょう。

・「今」に戻ってきてください。意識を現在に戻しましょう。自分に見すてられ不安を感じさせた人に、今なにか言いたいことはありますか？

ＴＤＭによって気がつくことはなんでしょう？　それは、過去にも同じように見すてられ不安を感じた出来事がいくつかあったということ、そしてそのとき自分を苦しめた相手に対して、今さらなにかを言っても意味がないということではないでしょうか？

いったん過去の体験に戻ってから、今、目の前で起きている出来事をどう感じているかを見つめていくと、自分が必要以上に不安になってしまっていることに気がつくでしょう。過去を振り返れば、これまで乗り切ってきた歴史をいくつも発見できるはずです。これもあなたが持てる資質とパワーです。

◆エクササイズ5：スクラップ・ブックを作る

もう一つ、秘策をお教えしましょう。それは、人生を一冊のスクラップ・ブックに見立て、誕生から現在までに起きた様々な出来事を、絵や写真、コラージュなどで構成してみる方法です。

小さい頃の写真や昔描いた絵を貼り付けてもよいですし、雑誌や新聞の切り抜きを用意してもけっこうです。

自分が子どもの頃から怖いと思っていたもの、苦手だったもの、好きだった食べものなどを象徴するようなビジュアルと、これからの人生を象徴するビジュアルを用いて、遊び心たっぷりにスクラップ・ブックを作るのです。問題が起きたときどのようにして乗り切ったかを思い出し、自分の資質やパワーをコラージュで表現しましょう。さらに、なにかを成し遂げたこと、うれしかった出来事なども表現します。


ある二六歳の女性クライエントが作ったスクラップ・ブックを紹介しましょう。

彼女はひとり親のもとで育ちましたが、友だちも多く、学校の成績も素晴らしく、明るい少女時代を過ごしました。ところが二四歳くらいから、見すてられ不安に悩まされてきました。彼女は小さい頃から、自分の元を去った父親の顔、父親がかけてくれた言葉を忘れることができず、いつも心のどこかでその姿を追っていましたが、母親に父親の話をすることは一切ありませんでした。母親を少しでも悩ませたくない、離婚を思い出させるのはかわいそうだと思っていたのです。

そんな彼女が作ったスクラップ・ブックの一ページ目には、笑っている子どもの絵が描いてありました。そして周りには、父親らしき人の顔があり、親子三人で手をつないでいる雑誌の切り抜き写真が貼りつけられていました。運動会の場面もあり、マラソン選手がゴールでテープを切っている切り抜きもあります。ところが、その一ページ目の背景はなんと真っ黒にぬりつぶされていたのです。

次のページには、幼い子が泣いている写真の切り抜きがありました。そして、背景には、彼女が大切にしていた父親の写真が貼ってありました。幼い子の写真の近くには、「私はいつかきっと父に会える。父は私を忘れるはずがない」と書いてありました。

このスクラップ・ブックを見ながら、

「あなたの資質とパワーは何ですか?」

と質問すると、

「希望を捨てないということだと思います。私は、父に会えるという希望を捨てたことは一度もありません」

という返事でした。

こうやって作ったスクラップ・ブックが、あなたという人間の物語です。このスクラップ・ブックをいつもそばにおいて、問題に直面したときには見直してみましょう。きっと解決策を見つけることができるはずです。

私も自分のスクラップ・ブックを作っています。それを開くたびに、人生は波乱万丈、よいことも大変なこともたくさんあったことがわかります。何とも複雑怪奇、混乱と安定を目まぐるしく繰り返してきたわけですが、それでも何とかやってきた自分に出会えるのです。

「お前にしては（と言うところに、まだ少し自己否定感が残っているようですが）よくやってきたじゃないか」

と、自分に声をかけたくなるくらい、感動を覚えるページすらあります。見るたびに、新しい発見があるのも魅力的です。

【第4のステップ】自分の資質とパワーで人生の物語を描きかえる

さて、回復は同時にグリーフ・ワークでもあります。最後のステップに入る前に、悲しみときちんと向きあう作業を勇気をもってしてみましょう。

グリーフは深い悲しみのことです。悲しみが癒されていないと、誰かと健全につながることも、別れることもできません。深い部分にある抑圧された悲しみに触れることが恐怖となり、現在の喪失を受け入れられないからです。そして、悲しみを再び抑圧してしまい、また新たな悲しみに遭遇したときに、大きな反応を起こします。このような負のスパイラルを断ち切るには、未完の仕事を終わらせる必要があるのです。

見すてられ不安を克服するうえで、四つの大切なキーワードがあります。すでに述べていることと重複しますが、ここで整理してみましょう。それは、抑圧と表出、未完と完結です。

つらい思いを口にしようとしたとき、「あなたよりもっと大変な人がいるじゃない」「時間が解決するわよ」「過去ばかり見ていないで、前を向いて生きなさい」などと言われたら、どういう感じがしますか？　感情を抑圧するしかなくなります。そういうことが重なると、ネガティブな感情は完結しないまま蓄積され、地雷になっていきます。

つらい感情は、おもてに出す以外に解放する術はありません。そして、ただ静かに耳を

傾けてくれる人、自説をぶちまけたり言いくるめようとしたりしない人の存在が不可欠です。信頼できる相手にただそこにいてもらうこと、そして受けとめてもらうことを通して、心から思いを表出することがはじめて可能になります。それ以外に、地雷化した感情を完結させる方法はないのです。**人は悲しみをちゃんと悲しむことで、少しずつ前を向いていけるようになります。**

グリーフ・ワークは「喪の作業」です。具体的には過去の喪失の出来事を一つずつ、丁寧に拾い上げ、喪失した相手、対象に対して手紙を書き、それを声に出して読むといったワークをさします（その手紙は本人に出す必要はありません）。

大切なことは、内容を誰かに聞いてもらうことです。手紙に書いて、一人で読んだだけでは残念ながら癒されません。静かに、忍耐強く話を聞いてくれる人を見つける必要があるのです。

その意味で、自助グループはとても役に立ちます。批判することなく話を丁寧に聞いてくれる人がそこにいる、という信頼が回復を後押しします。人を助けるのは人だということを身をもって理解したとき、回復へと大きく踏み出すでしょう。

グリーフ・ワークをきちんと行うと、失ったことの意味に気がつく日がきっときます。**喪失はできれば避けたい出来事です。しかし、ひょっとしたらそこに何らかのメッセージがありませんか？**

たとえば、大好きだったおばあちゃんが亡くなったとします。おばあちゃんはなにを教えてくれたのでしょう。あなたに与えてくれたものは何でしたか？　やさしさ、愛……そういう表現であらわされるなにかではなかったでしょうか？　自分が親になり、大人になった今、あのおばあちゃんのように小さな子どもたちに無条件に愛を提供しているだろうか？　私はあのようなやさしさを持ち合わせているだろうか？　と考えることができたとしたら、おばあちゃんの死は、あなたに人生の課題を教えてくれたということになります。

さて、グリーフ・ワークを終えたら、いよいよ仕上げのステップです。

ここで、ここまでの成果を振り返ってみましょう。自分が問題なのだという受け止め方をしなくてよいと気付きましたね。そして問題に名前をつけることを、第1のステップで学びました。

問題には、人の考え方や行動をネガティブに変える力がある。そのことを理解できました。これが第2のステップで学んだことです。

それでもあなたには、今日まで生きてきたなかで培った大きな資質やパワーがあります。その事実に気づくために、第3のステップがありました。

第4のステップでは、喪失とはなにかを知り、未完の感情を解放することの必要性を学びました。そしてその上でいよいよ最も重要な課題に挑戦します。問題に支配されないために、どうやって人生の物語をより自分らしく描きかえることができるでしょうか？

さて、ここで新しいスタートを切るのですから、儀式が必要ですね。

まずは、「見すてられ不安からの分離独立宣言」をしてみましょう。以下の余白に書きいれ、最後にサインをいれてみましょう。

◆見すてられ不安からの分離独立宣言

私、□□□□□は、ここに、見すてられ不安という問題から独立することを宣言します。

私は、健全な精神と生き生きした心を持ち、あるがままの私として、人生のあらゆる場面に出現していた見すてられ不安の束縛から、自分自身を解放することを、ここに宣言します。

そして今こそ、自分の生き方、自由、そして幸福の追求という、平等で、誰にも奪うことのできない権利を求めます。

見すてられ不安の問題が再び私を征服しようとやってきたなら、私はそれに対して戦いを挑みます。私の最良の強さとサポートを用いて、連合軍体勢で徹底抗戦します。

わが部隊の構成員は、以下の通りです。

・

・

・

・

・

・

□□□□□

もう一つ、やっていただきたことがあります。

問題に別れを告げる手紙を書いていただきたいのです。以下の書式を参考に、自分でさよならしたいものをリストアップし、別れを告げましょう。

◆問題に別れを告げる手紙

私、□□□□□は、以下のことを手放し、さようならをします。

・見すてられ不安に囚われている日々よ、さようなら！
・誰かにしがみつく日々よ、さようなら！
・他人をコントロールしたくてたまらない日々よ、さようなら！
・誰かの犠牲になって生きる日々よ、さようなら！
・惨めに生きる人生よ、さようなら！
・虐待的な関係に身を置いてきた日々よ、さようなら！
・自分を責め続ける人生よ、さようなら！

・なにをしてもうまくいかないと思う思考回路よ、さようなら！
・「あなたは愛される価値がない」とささやく声よ、さようなら！
・過去のシナリオが今を決めるという思いこみよ、さようなら！
・思いとは反対に「イエス」と言ってしまう癖よ、さようなら！
・自分を大切にすることに罪悪感を持つ私よ、さようなら！
・誰かの問題を自分が何とかしなくてはいけないと感じてしまうこと、さようなら！
・自分の欠点ばかり探そうとする癖、さようなら！
・自分らしくしてはダメだという思いよ、さようなら！
（以下、あなたの言葉で、リストをつづけましょう）

分離独立宣言書や、問題に別れを告げる手紙を書くことが、なぜ必要なのでしょうか。婚姻届もそうですが、文書には不思議な力があり、文字に書けばすっきり腹が決まるという効果があります。大切な問題に取り組むのだという覚悟を、儀式のスタイルを借りることで固めるのです。

さて、ずいぶん回り道をしましたが、いよいよ最後のステップです。

前章で、連続テレビ小説の例を出したことを、思い出してください。生まれてから今まで、あなたは自分が出ているドラマをずっと観てきました。それは波乱万丈、ハラハラドキドキの展開でしたか？　それとも先の読める、安心して観ていられるドラマだったでしょうか？

さて、この連続テレビ小説の視聴率は低迷しています。この機会により面白いものをつくるべし、という上層部からお達しです。どんなふうにしてもよいので、あなた好みのストーリーに生まれ変わらせてくれと頼まれ、シナリオライター兼、主演兼、監督のあなたは今、机に向かっているところです。

このキャラクターがいると物語が進まない、主人公を不幸にしているとわかったら、遠い外国にでも旅立たせてしまいましょう（それが、実生活でも手を切るべき相手です）。

こんな人があらわれたら素敵なのになあと思ったら、それがあなたがつきあうべき相手です。

途中で筋書きを変えることもできます。もっと面白くなりそうだと感じたら、エンディングを何度でも描きかえてよいのです。人生は自分で選びとるもの。世のなかには、脱サラして家業を継ぐ人もいますし、教師生活をやめて医者になりたいと思い立ち、何年もかかって国家試験に挑む人もいます。より幸せになりそうな方向へと変更してみましょう。

たとえば、失恋で傷ついた人が、もう二度と恋愛しないというシナリオを生きていたとします。しかし悲しみに蓋をせずに存分に涙を流し、いつしか少し気持ちが楽になったとします。そのときもし素敵な人に出会ったら、すぐにシナリオを変えて、デートを重ね、結婚に至る、という新しい展開を夢見ない手はありません。

ポイントをおわかりいただけたでしょうか？

さて、具体的に明確にしてほしいのは、以下のポイントです。

・番組宣伝でドラマの概要を視聴者に伝える場合、どんなふうに説明するか
・現時点でどんな登場人物がいて、どんな役回りを演じているのか
・どんな試練、どんなよろこびを主人公に与えたいか
・主人公のチャームポイント
・主人公の持てる資質で、これまで十分に生かされていなかったもの
・どんなエンディングにしたいか
・見終わったあと、どんな余韻を味わいたいか

いかがですか？　向かうべき未来が見えてくる気がしませんか？

さて、方向性が見えたら、以下の質問を自分に投げかけてみましょう。誰かとペアで質疑応答してもよいです。一人で取り組むときは、質問に対する答えを書きとめておきましょう。

・あなたの人生の物語に出てくる登場人物のなかで、退場させたほうがもっと楽しくなる、心豊かになれる、と思う人は誰でしょう?

・再び問題に襲われそうになったとき、あなた（主人公）を守る砦はどこにありますか？

・再び孤独感や無力感、そして見すてられ不安に襲われたとき、あなた（主人公）は誰と一緒にいると、どこに行くと安心感が得られますか？

・今、あなた（主人公）が必要としているもの、人、場所は？

・あなた（主人公）の話しをやたら分析したり、意見を押しつけたり、言いくるめようとしない人は誰ですか？　あなたの言葉に静かに耳を傾けてくれる人は？

・人には言っていないけれど、密かに自覚している、あなた（主人公）の底力とは？

・あなた（主人公）の魅力をあえて挙げるとしたら、それはなんでしょう？ どのようなことでも構いません。五つあげましょう。

・あなた（主人公）は残された人生を、どのように生きたいと思いますか？

・そのためにはドラマのどこをどう変えますか？　さよならを言った方がよい人にさよならを言えるでしょうか？　これから出会いたい人はどのような人でしょう？　そういう人とは、どこに行けば会えると思いますか？

いかがでしょう。人生の物語が充実してくるのがわかるはずです。ストーリーを描きかえる作業は、このようなイメージトレーニングから始まります。

人生は物語です。主人公は常に自分です。

人生には、よいこともたくさん起きますが、つらく悲しいことも少なからず起きます。「Life is good-bye, Life is hello」という言葉があるように、別れもあれば出会いもあります。気がつけば、かつてと同じようにパニックになっていることもあるでしょう。

それでも、あきらめてはいけません。**歩み続けるプロセスそのものが回復です。**いつかその歩んできたでこぼこ道をふりかえり、自分自身に心から敬意を表したくなる日がやってきます。そのとき、あなたは生まれてきてよかったと心から思うことができるでしょう。

おわりに

この本を締めくくるにあたり、親友の話をしたいと思います。彼の名前は、デービッド。かつて、アメリカ・カリフォルニア州の州立病院で学んでいたときに、同じ職員アパートの隣の棟に住んでいました。

当時、アパートを出て、広大な敷地を横切って病院まで歩いて通うのが、私の日課でした。そんな私のことを、彼は変な奴だと思っていたそうです。真夏は四〇度近くにもなるカリフォルニアで、毎日スーツを着ているのは私だけでした。それは、渡米する前アメリカをよく知る父親の教えを守った結果でした。父は、

「アメリカ人はお前という人間を通して、日本人とはどういう人間かを見ているぞ。だから、きちんとした服装、言葉遣いをし、テーブルマナーにも気を付けるように」

と言ったのです。

日本から来た「変人」は、ある日スーパーマーケットまで車で送ってもらったのを機に、デービッドと親しくなります。彼は二三歳、私は三三歳でした。その後、四一年間つきあいが続いています。一切の秘密がない、何でも話し合える友人は人生にそう何人もいないものです。

今日まで、悲しいことも楽しいこともたくさんありました。デービッドは父親と兄を亡くし、離婚を経験しました。私は、両親と兄を亡くしました。そして、何度も一緒にメキシコ旅行をしました。精神科救急医療の専門家である彼とタッグを組んで、専門家をめざす人々のためにアメリカ研修を三五年も継続してやってきました。

昨年、デービッドは前立腺がんと診断されました。手術や放射線治療、そして何らかの化学療法を勧められたのですが、彼はそのすべてを拒否して約一年間放置します。治療をしても余命に変わりはないと言い張りますが、私はこんなときくらい言うことを聞いてほしいと断固抗議しました。それなのに「治療は受けない」の一点張り。私の不安と焦燥は激しく、不眠症にまでなりました。この一年、私はまさに見すてられ不安の真んなかに立たされていたのです。

「待ってくれ、私を置いてどこに行ってしまうつもりだ？」

と叫びたくなるような恐怖を味わっているのに、私は日本で何事もないような顔で感情を抑圧して生活をしていたのです。

デービッドはいよいよ血尿や血便が出るにいたって、ようやく手術を受けました。彼がどうなるのかは、神のみぞ知るです。

私が見すてられ不安にさいなまれながらもそれでもやってこれたのは、話しをすることが出来たからです。私は別の友人に思いを何度となく聞いてもらいました。そして、デービッドにも率直に話しをしました。

「俺を置いて死ぬなよな」

「俺はどうしたらいいんだよ！　誰とメキシコに行けっていうのか？」

言いたいことをすべて伝え、語り合えたことが心の助けになりました。彼自身も、不安を率直に語ってくれました。これが私にとって、見すてられ不安にとらわれずに一歩を踏み出す転機となりました。

四一年という歳月は私たちを強く結びつけてきました。長い歴史のなかで培った信頼が、ひょっとしたら病をも遠ざけるような気が今はしています。

考えてみれば、デービッドも私のことが不安に違いないのです。私は一〇歳も上なのですから、衰えていくのを目の当たりにするのはつらいものがあるでしょう。これもまた見すてられ不安といえるでしょう。

「ありがとう、デービッド。俺より先に死んだりしたら承知しないからな」

と私が声をかけると、彼はこう返します。

「都加佐、お前が先に死んだりしたら、俺は許さないからな」

いつもおうむ返しで、何だか笑ってしまいます。

離れて暮らしていても、大切な人間がどこかにいると思っただけで、満たされるようです。見すてられ不安はこれからも時々私を襲ってくるでしょう。でも私は、自分の身を守る場所を心のなかに持っています。四一年という時間があるからこそ、「きっと彼は大丈夫。きっと自分は大丈夫」という思いに帰って行くことができるのです。

あなたは、身を守ってくれる場所を持っていますか？　思い当たる場所がなくても心配はいりません。あなたが今まで生きてきたという事実が、あなたを守る砦になってくれます。

つらいこと、悲しいことの多かったその時間は、決して無駄ではなかったはずです。そのことを、どんなときもどうか忘れないでください。

二〇一七年一〇月

水澤都加佐

◆ Healing & Recovery Institute（HRI）水澤都加佐カウンセリングオフィス

共依存、さまざまな依存症、家族問題、生きにくさ、アダルト・チャイルド、うつや燃えつき症候群などのカウンセリングのほか、職場でのメンタルヘルス対策、講演会、海外講師を招いてのワークショップ、アメリカ研修、海外での飲酒運転による DUI プログラムの提供などを行う。

神奈川県横浜市中区住吉町 2-21-1 フレックスタワー横浜関内 504
TEL：045-663-9027　FAX：045-663-9067
http://www.mzs.jp/
e-mail：hri@mzs.jp

◆水澤都加佐の常設セミナー

・共依存から抜け出すワーク
・AC とインナー・チャイルド・ワーク
・グリーフ・ワーク
・人間関係のバランス——親密さの回避と恋愛依存
・「怒り」をどう扱うか？
・バウンダリー（境界）ワーク
・介入〈インタベンション〉集中セミナー（援助者向け）
・家族をどう援助するか（援助者向け）

詳細・お問い合わせ：株式会社 アスク・ヒューマン・ケア
東京都中央区日本橋浜町 3-16-7-7F
TEL：03-3249-2551　FAX：03-3249-2553（平日 10：00 ～ 18：00）
http://www.a-h-c.jp/

著者紹介

水澤都加佐（みずさわ・つかさ）
1943年生まれ。カウンセラー。
学習院大学卒。日本社会事業大学研究科修了。1975年渡米、クリニカル・ソーシャル・ワーカーとしてトレーニングを受ける。アメリカでアディクション問題へのアプローチ、さまざまな援助技法を学ぶ。神奈川県立精神医療センターせりがや病院心理相談科長を経て、1994年よりアスク・ヒューマン・ケア取締役研修相談センター所長。2005年、横浜に Healing & Recovery Institute（HRI）を開設。著書に、『あなたのためなら死んでもいいわ』『依存症者を治療につなげる』『仕事で燃えつきないために』『「もえつき」の処方箋』（Be! 編集部との共著）ほか。訳書に、ポーターフィールド『共依存かもしれない』、マーカス『自殺、なぜ？どうして！』、ミナース＆メイヤー『「うつ」をやめれば、楽になる』、モー『親の依存症によって傷ついている子どもたち』（共訳）、ジェームズ＆ランドン＆フリードマン『子どもの悲しみによりそう』（共訳）ほか多数。

〈見すてられ不安〉に悩んだら――実践！ ナラティブ・セラピー

2017年11月20日　初版第1刷発行

著者©＝水澤都加佐
発行者＝澤畑吉和
発行所＝株式会社 春秋社
〒101-0021　東京都千代田区外神田2-18-6
電話（03）3255-9611（営業）・（03）3255-9614（編集）
振替　00180-6-24861
http://www.shunjusha.co.jp/
印刷所＝萩原印刷 株式会社
装　丁＝河村誠

ISBN 978-4-393-36546-5　C0011
定価はカバー等に表示してあります

水澤都加佐
あなたのためなら死んでもいいわ
自分を見失う病「共依存」

人に尽くしてしまう。大切にしたい、されたい思いが強すぎて苦しい……。共依存は夫婦、親子、職場関係、どんな間柄でも生じうる自己喪失の病。カウンセラーが解決策を提示。　1700円

信田さよ子
母が重くてたまらない
墓守娘の嘆き

「同居は当然」「将来ママの墓守は頼むわ」…。親の期待に苦しみながら必死にいい娘を演じる女性たち。それが「墓守娘」だ。悩めるすべての女性に贈る、究極の〈傾向と対策〉。　1700円

磯野真穂
なぜふつうに食べられないのか
拒食と過食の文化人類学

思春期の女性はなぜ痩せたがるのか。医療の視点では捉えきれない摂食障害の内実をエスノグラフィーの手法（「語り」）を援用しつつ、現代における食の本質とともに解明する。　2500円

片岡恭子
棄国子女
転がる石という生き方

精神のバランスを崩し、荒治療のつもりで中南米へ。だが待っていたのはとんでもない事件の数々だった。常識の通じない旅で知った日本の閉塞感の正体。生のかけがえなさとは。　1700円

高石宏輔
あなたは、なぜ、つながれないのか
ラポールと身体知

なぜ、言いたいことが言えず、気持を通わせられないのだろう。著者自身がギリギリの体験の中から導き出したコミュニケーションを磨く奥義を、易しく伝授。宮台真司氏推薦！　1600円

▼価格は税別。